L'homme créé par les techniciens

Fox B. Holden

Writat

Cette édition parue en 2023

ISBN : 9789359946719

Publié par
Writat
email : info@writat.com

L'HOMME FAIT PAR LES TECH-MEN

Par FOX B. HOLDEN

La chaleur incessante des soleils jumeaux jaune-blanc faisait bouillir l'air raréfié du désert et brûlait ses poumons laborieux, et il savait pourquoi cela était appelé le Désert des Mille Mirages. Le Désert des Mille Enfers aurait été un meilleur nom.

On disait qu'un homme pouvait devenir fou ici. Si ce n'est pas à cause de la chaleur follement tordue et ondulante qui se forme, alors à cause des aléas douloureux et torturés de son propre cerveau. Mais fou ou pas, Jonny Kane savait qu'il devait d'une manière ou d'une autre rester sur une selle qui n'était pas conçue pour les fesses humaines ; restez à califourchon sur la bête à la peau argentée et sans poils, jamais élevée pour le transport humain, et chevauchez.

Ils pouvaient être tout autour de lui, bien sûr, et il ne le saurait jamais jusqu'à ce qu'il soit trop tard pour faire rouler sa flotte qharaak et se précipiter à nouveau vers la liberté dans une autre direction à travers les déserts changeants et aux dunes basses . Ils ne pouvaient être qu'à quelques mètres derrière lui, mais il n'avait pas la force de regarder en arrière, seulement de serrer les épaisses rênes enroulées autour de ses poignets ensanglantés, de maintenir ses jambes exiguës raides autour des flancs inclinés du qharaak . Et chevaucher et s'étouffer avec le sable fumant.

Son cerveau bouillonnait dans sa tête et il ferma les yeux.

Il se fatiguerait et perdrait son emprise, et ainsi perdrait sa monture, et brûlerait à mort sur la blancheur aveuglante du sable. Ou bien il s'écraserait sur eux, et ils le ramèneraient au village avant-poste, et sa mort serait de leur faute. Quelle chance, après tout, avait un descendant de la Terre contre la police indigène à la peau cuivrée d'une planète Procyon, qui parcourait ses déserts comme s'ils étaient les champs frais et verts du monde mère dont son père avait si souvent parlé ? Quelle chance ?

Il y avait une flamme dans ses poumons, et le feu brûlait l'intérieur de son jeune corps à moitié nu, autrefois fort, en cendres noircies et en ruine. Monter-

"Attendez ! Attendez, ou il y a une pointe dans votre mauvais cœur !"

Le commandement retentissant venait de la gauche. Et il fit tourner le qharaak si brusquement qu'il se cabra et faillit perdre son sextuple équilibre dans le sable mouvant. Un bruit soudain passa devant une oreille. Il essaya de desserrer suffisamment ses jambes pour donner un coup de pied dans les flancs de l'animal, mais leurs muscles étaient comme des pinces en acier. Ils ne bougeraient pas.

Les rênes autour de ses poignets étaient glissantes et piquantes de sueur et de sable, tous deux mélangés à son sang, et furent arrachées assez facilement de son emprise par la traction vicieuse et soudaine d'un côté.

Et puis l'odeur irrésistible des autres qharaaks moussés envahit ses narines alors que les Dep-Troopers se rapprochaient de lui. Il en avait eu des vomissements et était malade.

"Allez, toi ! Tu as de la chance que nos ordres soient morts *ou* vivants ! Redresse-toi sur cette selle ou tu en reviendras traîné !"

Un uyja -quirt en bois fendit la peau de son dos et le mit d'une manière ou d'une autre presque debout sur la selle. Il laissa ses yeux s'ouvrir petit à petit face à la flamme brûlante du désert. Ils l'avaient bagué avec leurs arcs et leurs barbes, et avaient déjà attaché son qharaak à l'un des leurs.

Et puis ils le ramenaient. Retour à la chose scintillante à l'horizon qu'était le village avant-poste ; retour à l'endroit où la boîte de vitesses de son wagon avait calé faute de lubrifiant approprié et où la poursuite avait commencé.

Mais il n'y penserait pas. Il était au courant de cela, du crime commis, et maintenant il devait essayer de réfléchir aux réponses à donner au magistrat de la Cour suprême. Ce seraient les mêmes réponses qu'il avait données les autres fois. Il ne pouvait y avoir de nouvelles réponses. Nouveau ou ancien, aucun ne serait compris, ni cru, d'ailleurs. Mais il devait penser à quelque chose, sinon les demi-visions dans son esprit lui apporteraient une certaine folie maintenant ; les demi-visions, les choses à voir qui n'existaient pas pour être vues, les yeux blanc-jaune éclatants de Procyon elle-même et de son étoile satellite, les yeux cruels en or noir des Dep-Troopers barbus et musclés de fer qui l'avaient attrapé .

"Faites en sorte que le prisonnier se tienne droit devant ce tribunal, Soldat !"

Le fouet de douleur qui déchirait la chair l'entraînait dans une sorte de pseudo-conscience. Il lutta pour se relever du parquet brut sur lequel il avait été jeté, et ramena le son à ses oreilles, la vue floue dans ses yeux. Le bruit était celui de la foule. Un bruit de foule étouffé ; ils seraient toujours dehors, luttant toujours pour jeter un coup d'oeil sur sa piste en panne malgré les lourds cordons de soldats qui l'entouraient, attendant une équipe de qharaak de taille suffisante pour la transporter.

Et la vue était celle d'une cabine sans fenêtre aux parois minces, seul tribunal de ce département étroit et désertique, et du juge Prokyman , et des Troopers debout, les bras croisés, avec leurs piqûres piquantes de chaque côté et juste derrière lui.

Mais il avait déjà comparu devant les juges Prokyman . Il y avait même eu un jour un jury composé de paysans locaux, et il avait alors obtenu un acquittement facile en raison de sa jeunesse – c'était il y a cinq années entières , alors qu'il avait à peine 12 ans.

Il se releva sans aide et fit face à la structure en bois semblable à un trône sur laquelle le magistrat, ceint d'une peau de ruuk grossière , était assis en jouant avec sa masse polie de fonction. À côté de lui se tenait son Stenosmith . Le Stenosmith tenait un mince parchemin dans une main, mais pour le moment son supérieur légal le laissa passer inaperçu et fixa le prisonnier de la Cour avec un regard aussi dur que des diamants terrestres.

"Jon Kane, âgé de 17 ans Sol III, descendant de Sol III de deuxième génération, résident colonial renégat du département agricole Sol III de J'iira -IX : comprenez-vous les accusations portées contre vous ?"

Il lutta pour faire bouger sa langue pour former les syllabes coupées de l'Interplanétaire. C'était une langue ancienne, mais il ne l'avait jamais parlée aussi facilement que celle que son père lui avait apprise, celle qui, disait-il, venait de Terra. Mais s'il devait apprendre l'Interplanétaire, lui disait son père depuis un jour, il pourrait s'aventurer au-delà des champs bleus du département où il habitait ; un jour, peut-être, l'utilisera-t-il même pour parler avec les hommes vedettes du grand ITA, qui atterrissaient sur Procyon V tous les sept cycles. Un jour peut-être, le travail des professeurs de langues n'aurait pas été vain.

"Des accusations ? Ces hommes n'ont porté aucune accusation, Senior. Ils ont poursuivi et menacé—"

"Silence ! Usage civil de votre langue, ou pas de langue du tout ! La loi prescrit un procès même pour les hérétiques de moins de onze cycles, sinon vous n'auriez pas la chance de rester là où vous êtes ! Stenosmith , votre parchemin !"

D'un mouvement rapide, le mince parchemin fut entre les mains du magistrat, et d'un autre mouvement il fut étendu devant lui.

"Vous êtes accusé d'être entré dans ce département à bord d'un véhicule à chenilles conduit par ses propres forces. Le véhicule est d'un type qui ne fait plus l'objet d'entretien par l'Alliance Technique Intergalactique et ne peut donc plus fonctionner."

"Mais, Senior, mon véhicule a, par hasard, été si bien construit qu'il n'a jamais subi de panne jusqu'à..."

"Prisonnier, vous mentez et vous connaissez la peine en cas de parjure ! Stenosmith , notez le mensonge du prisonnier au tribunal. Les accusations continuent : vous, Jon Kane, avez été appréhendé dans les départements voisins au cours des deux dernières années et demie. cycles, à plusieurs reprises, à la pratique de fabrication d'outils, et à une occasion au moins, d'utilisation de tels outils dans la tentative de réparation d'installations défectueuses en attendant l'entretien légalement prescrit de l'ITA. Le niez-vous ?

"JE-"

"C'est donc la conclusion de cette Cour que le véhicule dans lequel vous êtes entré dans ce département a été réparé et mis en mouvement par vous-même ! Le niez-vous ?"

Et soudain, Kane sentit quelque chose remuer en lui ; je le ressentais à travers la fatigue, à travers la douleur, à travers la torture qui menaçait d'être dévorante. Il se tenait droit.

"Non, Senior ! Non, je ne le nie pas ! Et je n'ai pas seulement réparé le wagon, je l'ai construit ! Je l'ai construit à partir de pièces que j'ai volées la nuit dans des tas de ferraille abandonnées ! Et je l'ai fait fonctionner !"

Ces mots avaient à peine quitté ses lèvres que les Troopers qui avaient gardé la distance prescrite avec lui lors de son interrogatoire par la Cour se sont rapprochés de lui, leurs mains musclées sur ses bras et ses épaules comme autant d'étaux.

Le juge Prokyman avait soudainement cessé de jouer avec sa masse, et seul le Stenosmith bougeait, enregistrant furieusement l'aveu impensable de Kane.

Puis encore la voix du magistrat ; une chose lente et mesurée maintenant, de son sans mouvement, de la Mort elle-même.

"Prisonnier Jon Kane, je vous accorde par la présente votre droit d'admettre votre folie. Parlez."

Il pouvait sentir les yeux du magistrat brûler dans les siens, il pouvait presque voir les subtiles subtilités du cerveau implacable derrière eux.

"Je ne l'admets pas!"

"Alors c'est la sentence de cette Cour que, demain à Meridian, vous serez emmené devant un détachement d'arc de la patrouille martiale du

département, et abattu d'une balle dans le corps jusqu'à ce que mort !
Emmenez-le !"

Il avait pensé que le sommeil d'épuisement qui devait venir serait sans rêves,
mais ce n'était pas le cas ; il avait pensé que la douleur en lui, si peu soulagée
en s'étendant sur le sol rugueux du parquet de sa minuscule cellule, garderait
le passé au-delà de toute pensée et de toute mémoire, mais ce n'était pas le
cas. Et juste avant de se réveiller de son sommeil torturé le matin chaud de
son exécution, les deux se mêlèrent pour clignoter à nouveau dans son
cerveau engourdi ; il y en a eu une fraction de seconde, et c'était toute sa vie.

Il y avait les livres jaunes qu'il avait trouvés. Jaunes avec le temps, et pourtant
intacts alors qu'ils auraient dû être les cendres des flammes qui avaient
consumé tout le reste, ou se désintégrer avec la pourriture de l'oubli et de
deux siècles de temps.

Et il y avait son père, qui l'avait surpris en train de les lire ; son père, un
homme tranquille qui parlait peu, comme si de nombreuses pensées étaient
toujours retenues au seuil de ses lèvres par la force de sa seule volonté.

« Brûlez-les, mon garçon », avait-il dit. "Brûlez-les après avoir fini. Et votre
vie dépendra de la façon dont vous garderez le silence sur ce que vous y avez
lu. Votre vie, mon garçon. Quand vous aurez fini, brûlez-les!"

C'était tout. Il s'était attendu à une bonne raclée ; il s'était attendu à voir les
livres interdits mis en pièces sous ses yeux. Mais c'était tout.

Et il s'en était souvenu. Il avait gardé le silence comme son père l'avait dit,
comme si sa vie en dépendait, pourtant quelque chose avait subtilement
grandi en lui qui ne pouvait être réprimé. Il l'avait combattu, il était resté
éveillé dans son lit de camp rudimentaire et avait écouté de longues heures
les sons nocturnes qui flottaient doucement à travers les champs bleus et
vallonnés des terres agricoles de son père, et il avait combattu ces pensées, et
avait échoué. Mais c'est à ce moment-là de sa vie que Jonny Kane a appris
que les idées ne pouvaient pas être brûlées.

Il se souvenait de la façon dont il avait façonné son premier outil. Grâce à
cela, il avait façonné de meilleures chaussures pour les équipes qharaak de
son père . Et puis il y avait d'autres outils qu'il avait appris à relier entre eux,
et sa part des semis de la journée avait été faite bien avant que les autres
hommes ne reviennent des champs au coucher du soleil.

C'était à ce moment-là qu'il avait été attrapé pour la première fois.

Les outils avaient été détruits. Et puis-

Puis il avait mesuré les dimensions d'une nouvelle parcelle de terrain sans bouger de l'endroit où il avait fait ses calculs avec une pierre dans la terre molle, et cette fois-là...

Oh, le magistrat n'avait pas exagéré. Il avait commis de nombreux crimes de ce genre et il n'avait pas pu s'en empêcher. Quelque chose en lui ne le laissait pas s'arrêter – quelque chose qui criait *pourquoi* et ne le laissait pas se reposer.

Mais lorsqu'il avait déterré le tas de ferraille rouillée aux formes étranges, il n'en avait rien dit à son père. Son père ne savait pas non plus quand il avait fabriqué les nouveaux outils, ni quand, un cycle complet après ce jour, il avait achevé la chose en vieux métal pour laquelle les outils avaient été utilisés. En cachette, il avait volé le pétrole brut qui alimentait les lampes de la maison de son père, et après cela...

Après cela, il savait seulement que ça *fonctionnait* !

Jusqu'à ce village. Jusqu'à hier. Jusqu'à la veille de sa mort.

Et puis Jonny Kane s'est enfin réveillé.

Il avait à peine ouvert les yeux, et n'était pas encore levé, que le bruit des chaînes résonna bruyamment de l'autre côté de l'étroite porte de la cellule. Pas si tôt – pas si tôt ; il avait dormi trop longtemps !

La porte étroite s'ouvrit brusquement et ses yeux lui firent mal à cause de l'éclat soudain du soleil. Mais il a vu le geôlier Prokyman qui l'avait jeté ici, et il y en avait un autre. Un homme un peu plus petit, plus large d'épaules, avec une peau de la même couleur, qui ne portait pas la tunique grossière des Dep-Troopers. Son corps était vêtu d'un uniforme noir argenté comme il n'en avait jamais vu auparavant. Et son visage—

Jonny étudia le visage, même s'il était ombragé par la lumière vive qui le dessinait.

Ce devait être le visage d'un Terraman .

"Vous êtes le jeune, Jonny Kane ?" Le Terraman parlait l'Interplanétaire avec fluidité mais avec un accent étrange, et lentement, la seule vérité possible éclatait sur lui. Mais pourquoi – ici – ? "Réponds-moi!"

"Oui, oui, Senior, Jonny Kane."

"Vous présentez un intérêt pour l'Alliance technique intergalactique."

"Je dois payer pour mon crime—"

"J'ai obtenu votre libération. Je m'appelle B- Haaq ; vous m'appellerez par mon grade, qui est Majtech . Vous viendrez avec moi. Votre crime ne sera payé que si vous vous montrez indigne de votre recrutement pour la formation des cadets. Est-ce que tu comprends?"

Étourdi, Kane se releva en trébuchant. Peut-être qu'après tout il ne s'était pas réveillé. Il réussit à hocher faiblement la tête à la question que le Majtech lui avait posée.

"Très bien alors. Venez."

II

Les murs métalliques légèrement incurvés de la pièce brillaient doucement dans la lumière pâle et sans ombre, et pendant un instant, la chambre silencieuse parut aussi immense et impitoyable que l'infinité de l'espace qui entourait le grand vaisseau dont elle faisait partie. Le vieil homme qui était assis devant lui en uniforme de l'Alliance , le directeur Gentech lui-même, aurait pu pour le moment être une statue, et le groupe d'officiers qui l'entourait taillé dans la même pierre.

Il pouvait sentir les yeux d'un bon tiers de l'énorme équipage du navire, forts de douze cents techniciens de main d'œuvre , lui percer le dos alors qu'il se tenait debout, seul dans l'horrible silence du moment, entre eux et ces hommes-statues dont l'esprit vif était, il le savait. , pesant froidement les accusations portées contre lui.

Et puis le silence fut rompu. Majtech B- Haaq parlait à nouveau, son visage encore jeune rouge de la chaleur d'une indignation d'un réalisme impressionnant.

« Messieurs, j'ai présenté devant vous le record de cet homme au cours des huit dernières années en tant que cadet-technicien, sans fioriture. Et il vous remercie de l'avoir choisi parmi des milliers d'autres jeunes moins fortunés de sa planète pour une formation d'officier. de l'Alliance technique intergalactique n'a été - quel autre mot pour la décrire - qu'une mutinerie ? Et puis le Cadtech Jon Kane sentit sur lui toute la force du regard de son accusateur.

"Vous avez été tiré de la mort elle-même dans une ville infernale sur une cendre d'une planète à Canis Major. Et en échange de huit années d'instruction que la plupart des hommes seraient heureux de risquer leur vie pour obtenir, vous avez aggravé votre longue liste de méfaits avec cet ultime insulte – refus d'accepter votre commission de Lenantech à moins que vous ne soyez autorisé à réaliser une expérience qui est non seulement absurde mais qui a été équitablement évaluée par vos supérieurs et jugée sans valeur. B- Haaq fit une pause pour respirer rapidement. " Sires, j'admets que peut-être l'erreur était la nôtre depuis le début, et que les Prokymen qui voulaient la mort de ce jeune hérétique savaient de quoi ils parlaient ! En tant que surveillant de section du Cadtech Jon Kane, je recommande sa réduction, à la fois mentale et physique, à mineslave , puis envoyé dans l'un des mondes miniers du système stellaire à partir duquel il a été recruté ! »

Il sembla soudain à Kane qu'il y avait là une sorte d'ironie folle – doublement folle, doublement ironique parce que pour la deuxième fois de sa jeune vie, il était jugé pour des choses qu'il avait faites et qui n'étaient pas mauvaises ! Avait-il eu tort à cette autre époque, à cette autre partie de sa vie, où il avait construit un véhicule qui se déplaçait par ses propres moyens, de ses propres mains ? Cela avait-il constitué une si grande offense – et si oui, contre qui ? Les simples paysans de sa planète ? Contre l'ITA lui-même ? Si c'est le cas, comment?

Et maintenant encore. Après huit années assidues passées à essayer d'apprendre tout ce qui lui avait été sombrement interdit auparavant, ainsi qu'à des milliers d'autres comme lui – après l'accomplissement d'un miracle qui l'avait arraché d'une cellule de mort de Proky et l'avait placé là où il était encouragé à apprendre. des secrets qui avaient failli lui coûter la vie – après tout cela, maintenant, d'une manière ou d'une autre, il l'avait offensé.

Ces hommes n'étaient pas des hommes cruels. Les instructeurs n'étaient pas non plus des maîtres d'œuvre autoritaires, ni les labortechs les hommes arrogants que les planètes maudissaient prudemment avec leurs serments moqueurs « Space Tinker ! Pourtant ils étaient liés à leurs idées ; des idées auxquelles il faut s'accrocher pour la vie, de peur d'être exposées au risque du changement. On avait assez souvent rappelé à Kane pourquoi il en était ainsi. Les idées, les techniques, les procédures, ils avaient sauvé tout un segment d'une civilisation autrefois grande, dans un passé à moitié oublié que l'ITA appelait obstinément son « histoire ». Il faut donc les préserver à tout prix . Et c'était pourquoi il était mal de remettre en question ; c'est mal de contester le refus d'une idée nouvelle.

Et c'était pour cela qu'il avait des ennuis. Parce que ces hommes étaient, en dernière analyse, si peu différents de ceux qui l'avaient entouré, huit ans plus tôt, dans le désert, de leurs longs arcs.

Ils étaient les gardiens de deux systèmes stellaires .

L'épine dorsale de la civilisation sur plus d'une centaine de planètes. Sans quoi, les civilisations de chacune d'elles reculeraient sûrement une seconde et dernière fois. Les outils de bois et de pierre ne supporteraient pas longtemps leurs structures anciennes et infiniment complexes, et avant que les secrets mauvais mais nécessaires du passé puissent être affrontés avec suffisamment de courage et réappris, il n'y aurait que des ruines en ruine .

Ainsi enseigna ses instructeurs.

Par conséquent, ce procédé et cette technique doivent être protégés et tenus inviolables si l'on veut préserver les hommes de la sauvagerie ! Souvenez-vous de l'Holocauste, cadet ! *C'est* la méthode éprouvée !

Mais ce quelque chose en lui qu'il n'avait jamais pu supprimer – peu importe ce qui l'avait poussé à construire son véhicule malgré les avertissements de silence de son père – ce « quelque chose » allait encore une fois être sa chute, même parmi ceux qui avaient été ses sauveurs. .

"Un dernier point de clarification, si vous me le permettez, Majtech B- Haaq ." Un Coltech en uniforme du panel du directeur Gentech avait parlé sans se lever de son siège. "Vous avez affirmé que les difficultés passées avec l'accusé ont entraîné une véritable *contestation* du poste d'instructeur sous lequel il était affecté ?"

« Parfois, Sire, contestation qui équivaut à un refus pur et simple d'accepter certaines procédures opératoires standards, accompagnées à chaque fois de l'affirmation de l'accusé que la sienne serait une procédure supérieure ! Il y a eu, vous vous en souviendrez, l'affaire du transformateur à poussée variable grillé , un problème pédagogique standard. Cadtech Kane a soutenu que le remplacement d'un fusible spécifique dans un circuit spécifique était une solution suffisante, plutôt que le remplacement de l'ensemble des fusibles, ce qui a bien sûr été une procédure standard dans un tel circuit. par exemple pendant deux siècles entiers. Et encore… »

"Cela répond tout à fait à ma question, Majtech , merci."

Puis un autre moment d'horrible silence – l'horrible intemporalité de la délibération.

Jon Kane pouvait sentir la transpiration froide qui rendait la tunique de son uniforme de cadet bien coupée, humide et collante. Il essaya de réprimer un frisson, de rester aussi complètement immobile que les hommes assis devant lui.

" Majtech B- Haaq . " C'est le directeur Gentech lui-même qui a pris la parole. Ses paroles étaient lentes, mesurées et prononcées d'une voix qui aurait pu être celle d'un homme de vingt ans son cadet. Gentech Starn , à l'âge de quatre-vingt-dix ans, était encore un homme fort et un leader fort, et son nom était synonyme des trois lettres ITA et de l'autorité interstellaire qu'elles représentaient chacune des soixante années écoulées depuis son père, directeur Gentech . avant lui, avait rencontré la mort sur l'une des planètes froides et hostiles du système solaire .

"Sire."

"Vous avez poursuivi avec excellence. Cependant, puis-je suggérer que je ne suis pas encore entièrement satisfait dans cette affaire. Votre accusé doit avoir d'admirables potentiels en tant qu'officier technique, sinon il n'aurait pas été sélectionné pour une formation, et un tel effort n'aurait pas non plus été possible. ont été dépensés pour l'obtenir, dès le début. Quels que soient les défis, comme vous le prétendez , ils n'auraient pas pu être totalement irresponsables. Et cela fait longtemps qu'il n'y a pas eu de défi technologique de l'Alliance Technique Intergalactique. !" Un sourire à peine perceptible effleura les lèvres fanées et flétries, et Kane crut avoir détecté une légèreté momentanée dans les derniers mots qu'ils avaient prononcés. " C'est donc ma suggestion, Majtech — et messieurs de ce comité, que la décision finale dépend du succès ou de l'échec de l'expérience que l'accusé est censé avoir proposée, et qu'il refuse si catégoriquement d'abandonner ! "

"Mais... Sire, je soumets que Cadtech Kane a admis, par ses propres paroles ainsi que par ses actes, sa culpabilité dans cette affaire ! Il a librement avoué chacune des accusations ; a déclaré avec défi et ouvertement que son expérience réussirait, et a refusé de revenir sur sa position dans cette même salle du conseil... »

"Notre décision, Majtech B- Haaq , consciente de la folie de gaspiller indûment un cadet-technicien par ailleurs compétent sur les planètes minières à moins que cela ne soit justifié à notre entière satisfaction, est que l'expérience soit autorisée à se poursuivre ! Cette audience est donc ajournée !"

Il n'y avait personne d'autre dans l'atelier auquel il avait été affecté. Il devait travailler seul sur son unité d'entraînement, avait ordonné Majtech B- Haaq , et bien sûr, la raison était évidente. Un jeune hérétique suffisait.

Mais que se passerait-il si l'objet scintillant et finement travaillé qui reposait sur le long établi devant lui se trompait et ne fonctionnerait pas ? Pourtant, il savait que ce serait le cas ! Montée dans un modèle standard d'avion spatial , l'unité d'entraînement qu'il avait conçue produirait facilement une vitesse et une puissance cinq fois supérieures, consommerait moins de la moitié de la quantité de carburant atomique, quadruplerait l'autonomie et durerait deux fois plus longtemps.

La construction avait pris un peu plus d'un mois ; B- Haaq lui avait accordé à contrecœur tout le temps dont il estimait avoir besoin, mais il s'était néanmoins dépêché – seize, parfois dix-huit heures d'affilée.

Pourtant, le travail n'avait pas été difficile. Tandis qu'il façonnait et formait les pièces simples et compactes et regardait sa création grandir régulièrement d'un jour à l'autre, il s'était émerveillé. que certaines innovations évidentes en matière de design n'avaient pas été adoptées des années auparavant. Ce n'était pas, il le savait, qu'il fût tellement plus intelligent qu'eux ! Au contraire, c'était presque comme si une telle amélioration avait été délibérément évitée. Et les disques spatiaux ITA étaient restés encombrants, trop complexes et peu maniables.

Il se redressa après son travail. C'était chose faite, et les vaisseaux de l'Alliance Technique Intergalactique seraient rattrapés au moins un bon siècle ! Il ne lui restait plus qu'à demander une équipe d'installation composée de labortechs , à superviser pendant quelques heures, et ensuite...

« Maître Kane ! »

cadtech surpris se mit immédiatement au garde-à-vous. C'était B- Haaq . Il était entré dans l'atelier sans faire signe .

"Oui, Monsieur!"

"Je dois faire un rapport de vos progrès au siège de Gentech ." Il parlait d'un ton neutre, mais Kane pouvait sentir le ressentiment dans sa voix.

"Mon travail est terminé, Sire. Je me préparais à ce moment-là à convoquer une équipe d'installation de labortech et à superviser—"

"Je ferai la convocation, Maître Kane ! Et la supervision ! Je ne crois pas nécessaire de vous rappeler que même si vous avez refusé votre commission, j'ai accepté la mienne depuis longtemps ! Ce mécanisme est terminé, dites-vous ?"

"Oui, Sire. J'espère qu'il me sera permis de piloter..."

B- Haaq était penché sur l'unité brillante, le visage inexpressif. "Personne ne doit piloter l'engin, Maître Kane," dit-il sans lever les yeux. "Nous, de l'ITA, connaissons encore quelque chose en matière de contrôle radio à distance, je vous l'assure. Vous travaillerez depuis le Centre d'Information de Navigation, aux contrôles déjà installés là-bas à cet effet."

Kane garda le silence et essaya de cacher sa déception sur son visage.

"Dites-moi, Maître Kane…" et le surveillant de section s'était redressé et lui faisait à nouveau face directement, "… vous a-t-on déjà dit pourquoi vous aviez été choisi – je crois qu'un meilleur mot est sauvé – de votre planète infernale à Procyon ? pour l'ITA ?"

"Oui, Sire , je l'étais, pendant l'endoctrinement de base", répondit Kane.

" C'est une chance, alors. Vous savez, au moins, que nous pensions pouvoir faire de vous un technicien ! Présentez-vous à la salle NIC dans une heure, Maître Kane ! Votre petit spectacle sera alors prêt. Vous êtes renvoyé !"

Directeur Gentech Starn lui-même, flanqué de trois de ses plus proches collaborateurs, est entré dans la salle du NIC.

Ils prirent position debout derrière Kane. Et derrière eux, à la distance de respect prescrite, étaient regroupés l'ensemble des surveillants de section et des instructeurs du navire. Kane se tenait devant l'écran de navigation central et ses rangées compactes de commandes.

Soudain, un clignotant rouge clignota, faiblement reflété par la myriade de niveaux de mécanismes sensibles qui bordaient les cloisons incurvées de la pièce. Il appuya sur un bouton et l'écran devant lui prit vie. L'obscurité, parsemée de minuscules étincelles chauffées à blanc qu'étaient les soleils de la Voie Lactée. Et puis tout à coup un plus grand qui se déplaçait rapidement.

Et puis il n'avait plus conscience du silence électrique qui l'envahissait, et il n'y avait aucune sensation, aucune pensée si ce n'est la sensation et la pensée singulières qui coordonnaient les nerfs et disciplinaient avec sensibilité les muscles ; qui dirigeait infailliblement ses doigts sur les bancs de contrôle cloutés et guidait le vaisseau spatial aussi sûrement que s'ils atteignaient l'espace et le touchaient, le maintenant par leurs propres forces sur sa trajectoire large et courbe.

Les jauges à relais bourdonnaient et cliquaient doucement ; les relevés de vitesse et de puissance ont été enregistrés, et la grille de navigation a tracé le chemin du vaisseau de la flotte à travers le vide.

Puis Kane parla. "Seigneurs, comme vous pouvez le constater, le vaisseau spatial dans lequel mon unité de propulsion a été installée avance maintenant à ce qui est habituellement considéré comme la vitesse la plus élevée et avec ce qui serait normalement la puissance de sortie maximale pour un tel engin." Il pouvait d'abord sentir sa voix vaciller, puis avec le son et la sensation rassurante des boutons de contrôle sous ses doigts, elle se renforça, devint ferme. Et il savait qu'ils écoutaient. J'écoutais comme si c'était le Gentech lui-même qui parlait. Puis il rassembla tout son courage. "Je vais maintenant", dit-il, "accélérer l'appel d'offres pour tripler sa vitesse actuelle, tout en augmentant la puissance de sortie d'environ six fois. Si vous regardez attentivement le groupe central de jauges, s'il vous plaît."

Il enfonça son doigt dans un clou blanc en forme de diamant et sa respiration se bloqua dans sa gorge.

L'écran suivait fidèlement la course de l'appel d'offres. Les jauges riaient et bourdonnaient.

Et puis l'obscurité fut déchirée par un éclair brillant et silencieux, et l'appel d'offres ne fut en un instant rien d'autre qu'un nuage blanc d'atomes se dissipant rapidement !

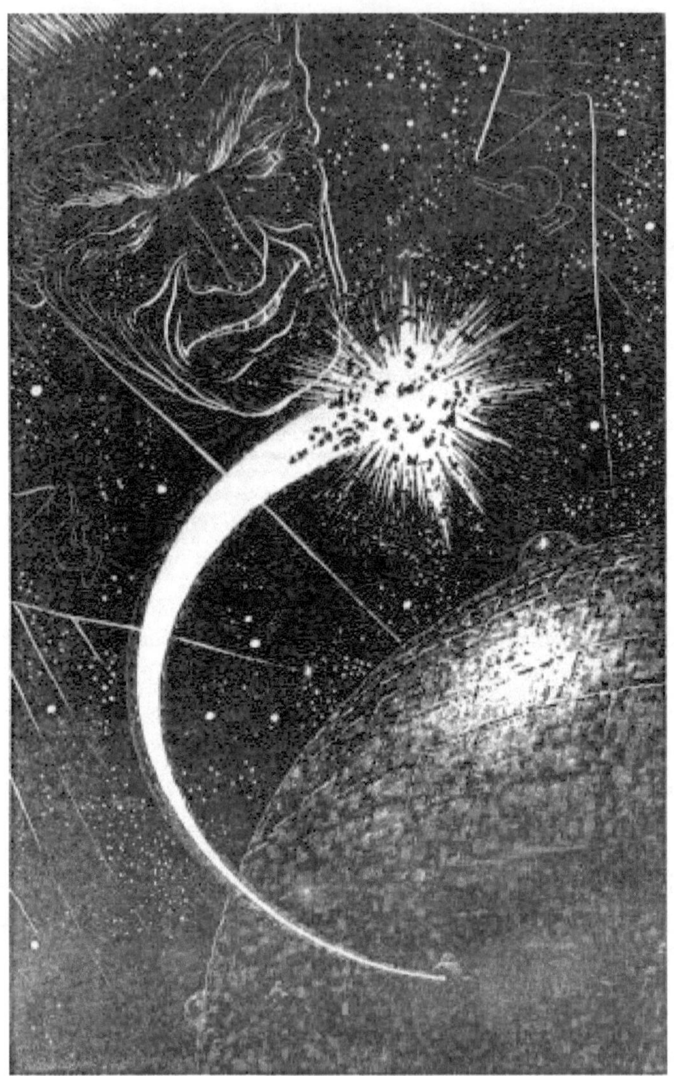

Non non Non!

Il n'y avait aucun bruit derrière lui, mais il savait que l'immense chambre se vidait rapidement et silencieusement.

Il ne s'est pas détourné de l'écran. Il était de nouveau noir, maintenant, seulement soulagé par les minuscules étincelles qu'étaient les étoiles.

Il ne savait pas combien de temps il était resté là ni combien de temps il avait regardé. Des minutes, voire des heures, peut-être. Il savait seulement qu'il y avait une chose incontrôlable de rage, d'incrédulité et de frustration impuissante qui bouillonnait amèrement en lui et qui ne s'atténuerait pas, et avec cela il y avait un fouillis de pensées qui n'avaient aucun sens.

Il entendit alors un homme derrière lui. C'était B- Haaq .

" Dommage que vous ayez appris votre leçon si tard, " entendit-il le Majtech dire, " *Mon esclave !* "

III

Les quartiers compacts de Jon Kane semblaient plus restreints que jamais ; les cloisons courbes se refermaient sur lui, et c'était un animal pris au piège. En attendant, pensa-t-il, le massacre. Il savait que ce serait ça. Il n'aurait aucune chance à la reprise de son procès. Il n'y aurait aucun moyen de tromper B- Haaq pour qu'il admette ce qu'il avait fait, et quelle que soit la manière dont l'accusation serait prononcée, ce serait l'accusation d'un prisonnier et tomberait dans des oreilles loin d'être antipathiques. Et bien sûr, avec le Spacetender et tant d'atomes détruits à la dérive dans Infinity, il ne pouvait y avoir aucune preuve.

Pourquoi B- Haaq le détestait-il autant ? C'était plus qu'un officier accomplissant simplement son devoir tel qu'il le considérait : c'était une haine singulière et personnelle ! Mais pourquoi?

Il jeta un coup d'œil pour la dixième fois en trente minutes à son poignet ; la période de sommeil était à moitié terminée et il savait qu'il serait probablement éveillé pendant la moitié restante. Et la moitié restante a été si lente à avancer. Si seulement il pouvait *faire quelque chose* . S'il pouvait seulement construire une autre unité et l'installer lui-même ! Si-

Tout habillé, il s'assit sur sa couchette. Il n'hésita qu'un instant, puis traversa la petite cabine jusqu'à son unique trappe étroite. Le simple verrou temporel qui le sécurisait était tout ce qui le retenait prisonnier - une question de forme traditionnelle, puisque n'importe quel maître technologique habile pouvait, avec une longueur de fil mince, l'appliquer aux bons endroits...

Le plan prit forme dans son esprit dans les quelques instants qu'il lui fallut pour rendre inutile le mécanisme sensible ; il avait été configuré pour déclencher l'alarme, mais l'alarme n'a jamais retenti. En un instant, il était sur le podium.

Il avançait rapidement et silencieusement, le fin fil de fer toujours dans une main. Il passa presque devant l'écoutille rarement utilisée lorsqu'il y arriva,

tant elle était parfaitement articulée dans sa cloison. Mais il savait ce qu'il y avait au-delà, et cette connaissance semblait hâter ses doigts habiles. En quelques instants, la trappe s'ouvrit sans bruit et il se retrouva à l'intérieur de la chambre. L'armurerie du vaisseau amiral.

S'il n'y avait pas eu la labortech articifers , les armes soigneusement empilées seraient rouillées et inutiles depuis longtemps. "À utiliser UNIQUEMENT sur des planètes extraterrestres, inconnues et éventuellement hostiles", indique le règlement de l'ITA. C'était une règle qui s'appliquait à toute la flotte et, à sa connaissance, elle avait été pratiquement oubliée. Car dans le cadre des intérêts de l'ITA, il n'existait plus de « planètes étrangères, inconnues et peut-être hostiles », et pour le reste, les armes étaient inutiles à l'ITA depuis des siècles. Car il disposait d'une arme bien plus puissante que toutes celles qu'il pouvait concevoir en métal. Elle a dû simplement refuser ses services pendant un certain temps .

Un sourire s'étala lentement sur le visage de Jon alors qu'il commençait un examen sélectif des armes. Peut-être qu'il trouverait même un arc long ! Seigneur, voici même un engin qui propulsait de petits projectiles au moyen de cartouches explosives ! Ces choses étaient inutiles depuis des siècles !

Mais peu à peu, son sourire se transforma en un froncement de sourcils inquiet. Il se débarrassa d'abord d'une arme, puis d'une autre, puis d'une autre.

Mais il faut qu'il en trouve un ! Et puis il pourrait faire admettre à B- Haaq ce qu'il avait fait.

C'était un son métallique et sourd, mais il s'enregistra dans sa conscience et il se retourna. Alors même qu'il se redressait, les lumières brillèrent soudainement à pleine puissance ; celui qui était intervenu si silencieusement derrière lui n'avait pas perdu de temps pour trouver le poteau du transformateur de cloison.

C'était l'officier de service pendant la période de sommeil, et une arme de poing saisie à la hâte a été pointée sur lui.

Et même dans l'éclat soudain des lumières, il la reconnut. Lenantech Deanne Starn , la nièce de Gentech , elle-même !

« Lève la main, cadet ! »

"Pourquoi ? La chose que tu as dans ta main n'a plus tenu la charge depuis qu'Hanna a grandi avec ses yeux ." Il sourit. Même dans la lumière blanche, elle n'était pas difficile à regarder. Un certain nombre d'histoires avaient circulé dans les quartiers des cadets, mais ensuite. La plupart des rumeurs affirmaient que B- Haaq lui-même était l'homme chanceux, et rares étaient ceux qui pensaient différemment. Celles des femmes du navire qui n'avaient pas la silhouette élancée, les cheveux blond pâle coupés impeccablement ou les grands yeux bleus, les traits fins et l'esprit vif et alerte qui caractérisaient si bien la famille de Starn n'étaient jamais trop mal loties, pour cette raison. Car pour les hommes à bord, elle appartenait à B- Haaq , et c'était tout !

Elle semblait ne pas avoir entendu ce qu'il disait.

"Vous êtes Cadtech Kane, n'est-ce pas ? Pensez-vous que cette accusation supplémentaire de tentative d'acquisition illégale d'armes va aider votre cause dans une certaine mesure ?"

"Je le pensais, oui."

"Tu es aussi bon que dans les mines maintenant. Et je ne suis pas ta logique. Ne bouge pas d'un pouce !"

"Autant jeter ce truc, Lenantech , ça ne sert à rien. J'en cherche toujours un qui l'est, moi-même. Et si vous comptez me dénoncer, je n'essaierai certainement pas de vous arrêter. Cela m'enfoncerait encore plus profondément, n'est-ce pas ? »

Ses traits étaient blancs, immobiles. Seul son poignet bougeait ; elle a dévié la bouche de son arme d'une fraction de pouce et a appuyé sur la gâchette.

L'arme fit un déclic vide, et c'est tout ce qu'elle fit.

"Toi-"

"Je rien. Je viens de te le dire. Écoute, Lenantech , des gens m'ont tiré dessus avec des arcs longs, m'ont traîné presque nu à travers les déserts de Prokyfive , m'ont battu avec des cils et m'ont saboté. Maintenant, j'en ai assez."

"Pour moi, vous n'avez aucun sens, Maître Kane. Vous n'avez qu'une minute pour sortir d'ici, ou—"

"Tu veux dire que tu ne me dénoncerais pas si je le faisais ?"

Elle rougit. « Je n'ai pas dit ça. Mais puisque tu es déjà aussi bon que... »

"C'est juste ça. Mais si je peux trouver ce que je cherche ici, je pourrai peut-être changer cela un peu. Mon vaisseau spatial ne s'est pas effondré là-bas parce qu'il ne fonctionnerait pas ! Pas du tout. à vue, ce n'est pas le cas!"

« Faites attention à ce que vous dites, Maître Kane !

"La vérité est la vérité, n'est-ce pas ? Même si je ne peux pas prouver qu'un certain Majtech voulait me voir échouer et être expulsé d'ici suffisamment pour ruiner mon expérience ? Peut-être ai-je posé trop de questions ; ou répondu à trop de questions. dans le mauvais sens. Votre supposition est aussi bonne que la mienne. Mais au lieu d'explications logiques ou d'évaluations justes, j'ai été traduit en cour martiale. Peut-être pourriez-vous me dire, Lenantech , pourquoi remplacer l'ensemble d'une tête de distributeur complète sur un tracteur agricole lors du remplacement de le rotor peut être tout ce qui est nécessaire ? Pourquoi une nouvelle bougie d'allumage alors qu'il suffit de réinitialiser ses points ? Pourquoi s'en tenir à un logarithme avec une base de 10 alors que d'autres bases pourraient souvent rendre une opération mathématique entière beaucoup plus simple ? Et Si un homme peut vous construire une meilleure unité de transmission, pourquoi la détruire à sa place et le discréditer ? »

"Je pense que le tribunal a pleinement pris connaissance de ces questions, Maître Kane." Elle avait baissé l'arme et s'était même rapprochée de lui. Et pendant un instant, il crut avoir vu un éclair d'intérêt dans ses yeux.

"Je sais ce que le tribunal a fait. Mais vous pouvez penser aussi bien que n'importe qui d'autre, n'est-ce pas ? Quelles sont vos réponses, madame ?"

" Ce n'est pas le lieu pour un cours d'histoire, Maître Kane. Mais l'ITA a été formé de ces quelques techniciens qui ont réussi à échapper à la colère des civilisations fatiguées par la guerre qui se sont retournées contre eux et contre des hommes appelés scientifiques, quels qu'ils soient, comme ceux-là. responsables de la destruction à l'échelle du système et de la mort en masse. On vous a enseigné cela. Beaucoup de leurs méthodes et une grande partie de leurs connaissances ont été perdues. On vous a également enseigné cela. Mais ce sont ces méthodes et ces connaissances qui les ont sauvés de la destruction une fois , et a rendu l'ITA possible. Ce qui n'a pas été perdu, c'est la connaissance sacrée, Maître Kane, et réservée à quelques-uns seulement, et à ces quelques-uns qui doivent la garder militantement de peur qu'un iota de plus ne soit perdu !"

" Vous avez raison. On m'a appris tout cela. Mais vous n'avez toujours pas répondu à mes questions ! Supposons que je vous dise que je peux réaliser un Projet AA en moins d'une heure et le garantir pendant cinq cents ans. Que diriez-vous de cela ? »

Il vit ses yeux s'écarquiller. "C'est une pure absurdité et vous le savez, cadet ! Un double A prend six mois, sauf en cas d'urgence, et est valable pendant cinquante ans au maximum ! Eh bien, même les génies de ces anciennes années de guerre qui ont été forcés de concevoir et concevoir le Projet n'aurait pas pu faire mieux... "

Jon sourit à nouveau. " Un jour peut-être je te le montrerai, Lenantech ! Moi, les planètes et toi ! Mais tu ferais mieux d'y aller et de me dénoncer avant de te mettre dans le pétrin—"

"Oui, en effet, elle l'avait fait !"

La fille pâlit et Jon se sentit malade. C'était B- Haaq . C'était toujours B- Haaq . Debout maintenant dans l'écoutille, les yeux noirs flamboyants.

Soudain, Jon sentit quelque chose se briser en lui ; Soudain, les mécanismes délicats de son cerveau qui maintenaient la raison et le désir sur un plan de stabilité parfaitement équilibré l'ont abandonné, et la rage frustrée était à nouveau dans sa gorge, et le blanc aveuglant de l'explosion du vaisseau spatial nageait à nouveau devant ses yeux. Il sentit son bras droit passer au-dessus de sa tête, sentit le poids de quelque chose à son extrémité, puis sentit le bras descendre, soudainement soulagé de ce poids.

Le pistolet lourd a volé droit sur B- Haaq et a regardé depuis sa tête.

L'homme s'effondra, tomba presque sans bruit.

Et pendant une seconde entière, Jon crut que le temps s'était arrêté. La jeune fille était immobile, l'air incrédule figé sur ses traits, et son propre corps était saisi par une paralysie engourdie.

Ensuite, il était en mouvement, et c'était une chose automatique, ses bras et ses jambes bougeaient rapidement comme s'ils étaient totalement indépendants de son cerveau. En quelques secondes, il avait entraîné B- Haaq inconscient dans un coin éloigné de l'armurerie et l'avait recouvert de sa propre cape de bureau. Il a placé un double râtelier de fusils neurologiques devant le tas informe, puis avant qu'elle ait pu s'éloigner de lui , il a saisi la fille par un bras et l'a propulsée vers l'écoutille.

"Kane, qu'en penses-tu—"

"Pas le temps de parler, madame. Ces lumières sont allumées depuis trop longtemps - quelqu'un va remarquer la consommation d'énergie du contrôle général d'une minute à l'autre. En plus de cela, B- Haaq vous a vue avec moi et m'a entendu vous dire d'aller chercher." va me dénoncer. Alors si je ne l'ai pas tué… "

"Tu es fou ! Il ne le ferait pas..."

Jon resserra sa prise et la regarda droit dans les yeux. "Vous savez qu'il le ferait, madame. Ne serait-ce que parce qu'il me détestait tellement et qu'il vous a trouvée avec moi. Nous devons y aller."

"Tu m'as laissé partir!" D'un geste rapide, elle se dégagea de lui. « Vous oubliez, n'est-ce pas, que peu importe où vous irez à bord du navire, ce ne sera qu'une question de temps avant qu'on vous retrouve ? Et s'ils peuvent vous donner quelque chose de pire que les mines… »

" Très bien alors, reste si tu veux ! Vas-y et parie que notre ami est soit mort, soit qu'il a une nature indulgente cachée quelque part - la seule chose dont je suis sûr, c'est qu'il n'a pas fait exploser *tous les* spacetenders du vaisseau . "

"Vous serez révisé en un rien de temps !"

"Dix minutes de travail et je peux tripler la vitesse de n'importe lequel de ces seaux. Vous venez ou pas ?"

Il se détourna d'elle, passa rapidement par l'écoutille et choisit une rampe bâbord qui le mènerait jusqu'au pont de maintenance. Il y aurait au moins une annexe à quai en bon état de fonctionnement.

Il s'aplatit contre le mur de la rampe alors qu'il approchait de son extrémité ; écouté. Rien. La maintenance restait là comme d'habitude, et pendant la période de sommeil, il n'y avait qu'une équipe restreinte.

Dans la pénombre, il leva la main et sentit ses doigts effleurer le plafond incurvé et lisse du passage légèrement incliné. Là; un conduit de pression de secours, conçu pour s'ouvrir automatiquement en cas de dysfonctionnement des régulateurs atmosphériques du navire. Une pression d'urgence pourrait s'accumuler dans les conduits en cas de chute soudaine de plus de huit onces par pouce carré ; et serait instantanément libéré s'il montait à plus de trois livres au-dessus. Tout ce qu'il avait à faire était de coincer ce conduit unique en position « excès » et de retenir sa respiration.

C'était comme crocheter une serrure avec ses doigts nus, et ils ressemblaient à de grosses saucisses. Et puis il l'a eu.

Il y eut un cri soudain d'air qui s'échappait de lui et il plongea en avant.

Quelque part, une alarme retentit et il savait que dans quelques instants, l'équipe de maintenance réduite à néant serait prête et affluerait sur la rampe avec tout ce qu'elle avait, des compteurs Geiger aux câbles de mise en balles. Déjà, même au-dessus des alarmes presque assourdissantes, il pouvait entendre le martèlement de leurs pieds.

Il s'est précipité vers lui.

J'ai atteint le poste d'amarrage, et il y avait une offre blottie à l'intérieur, prête et attendant.

Il fit ouvrir le sas extérieur de la petite embarcation en quelques secondes.

« KANE ! »

Il se retourna, alors même que la serrure intérieure s'ouvrait. C'était Deanne Starn . Et elle courait vers lui.

Le verrou intérieur était ouvert et Jon la poussa à travers, puis se fit attacher devant la console de commande miniature presque avant que le clignotant ne clignote pour signaler que les ports de verrouillage extérieur et intérieur étaient scellés.

Il attendit vingt secondes angoissantes avant que le flanc du vaisseau amiral ne s'ouvre en bâillant, puis il enfonça les goujons de tir avec ses accélérateurs complètement ouverts.

L'annexe sauta de son poste d'amarrage comme une chose blessée, et pendant un instant, l'Espace tourna de façon écoeurante, et les yeux de Jon se brouillèrent à cause de l'accélération sans précédent du décollage. Autant enfreindre toutes les règles du livre.

Puis les stabilisateurs ont pris le relais et les choses ont commencé à se redresser. Il a actionné les commandes automatiques de l'engin, a débouclé ses sangles et s'est mis en route en apesanteur vers la section arrière de l'annexe.

"Kane, où vas-tu ? Où allons-nous ?"

"Je vais me débrouiller avec cette baignoire jusqu'à ce que cette grosse barge là-bas ne puisse plus nous récupérer pour Spacedust . Et nous allons vers un petit planétoïde de marigot que l'ITA n'atteint qu'une fois tous les trente ans environ. Ils ont utilisé pour l'appeler Titan.

"Un satellite d'une des planètes Sol, n'est-ce pas ?"

"Tout d'un coup, vous trouvez beaucoup de réponses intelligentes."

« Pouvez-vous… pouvez-vous le trouver ? Tout seul ?

"Mon père est né juste à côté. Je peux le trouver."

IV

La Terre trembla.

Elle tremblait comme un animal paralysé, et de grandes fissures déchiraient sa peau épaisse tandis que des raz-de-marée frappaient comme de gigantesques marteaux les côtes de ses continents et envahissaient sans pitié une multitude d'îlots semblables à des joyaux qui parsemaient ses vastes océans.

Ses satellites artificiels s'étaient effondrés depuis longtemps et sa lune naturelle vacillait de manière menaçante dans sa trajectoire séculaire. De gros morceaux déchiquetés se sont détachés alors que la masse stérile de roche tournait dangereusement près de la limite de De Roche.

Certains des bâtiments les plus bas et les plus robustes des villes qui parsemaient ses vastes continents étaient encore intacts, et dans la plus grande, la capitale elle-même, un certain nombre de centres commerciaux et d'artères larges et profonds étaient encore au moins partiellement praticables.

Mais le sénateur Martin Stine, socialiste conservateur représentant l'État de Penn-York, a néanmoins eu du mal à garder son sang-froid. C'était une humeur éveillée autant par l'anxiété d'une peur profondément enracinée que par l'irritation d'essayer de guider son pneumo-car à travers l'avenue jonchée de débris menant au Capitole, et l'idée lui revint à l'esprit qu'il aurait dû en prendre un. des frais généraux même si certains d'entre eux s'affaissaient dangereusement par endroits.

Mais il n'en avait pas pris, et il lui restait moins d'un quart de mile à parcourir. S'il n'avait pas ajouté si indistinctement ces derniers temps à son gabarit habituel de 195 livres et de six pieds deux pouces, il aurait pu garer cette foutue voiture et courir le reste du chemin. Seulement un bloc ou deux pour l'instant.

Et lors de cette séance, la fourrure allait voler à coup sûr si la planète restait suffisamment longtemps pour qu'elle puisse même démarrer. Il les avait prévenus la dernière fois à propos des Tinkers. Sourd. Tout le monde.

Son visage lourd était rouge lorsqu'il arriva enfin devant la rampe principale du Capitole . Il n'a pas attendu qu'un robot parqueur vienne prendre le relais, mais a simplement stoppé son véhicule dans son élan et l'a abandonné sur place. Et malgré les kilos en trop qu'il avait récemment pris, il avançait avec une grâce presque féline sur la large rampe inclinée, la colère montant progressivement en lui.

Il entra dans la vaste salle et prit place, juste au moment où le rugissement sourd d'une conversation privée et nerveuse était interrompu par le présentateur tri- dian .

"Messieurs, le Président Général des Républiques de la Terre Unie !"

Silence. Puis le fracas d'un millier d'hommes qui se levaient. Un petit homme grisonnant, prématurément chauve, traverse le devant de la grande salle encadré de ses secrétaires d'État et de la Défense, puis monte seul sur le podium.

Et la session d'urgence du Congrès Supérieur des Républiques de la Terre Unie a commencé.

Le sénateur Martin Stine était le dixième homme à être reconnu.

Il se leva rapidement et sortit la jeep de son emplacement encastré dans son bureau.

"Jusqu'à présent", a-t-il commencé, omettant même de commencer son discours par la traditionnelle salutation au président et au groupe dans son ensemble, "j'ai entendu dix recommandations concernant la procédure à suivre dans la crise actuelle, et chacune a été à peu près aussi gelée- à genoux comme celui qui l'a précédé ! Il n'y a qu'une seule solution à ce problème. Si nous ne voulons pas que cette planète soit dispersée aux quatre coins de l'espace dans les prochaines 72 heures , nous devons lancer le projet AA et très vite ! " J'ai été informé qu'il y avait un vaisseau Tinker à moins de trente heures de vol de ce système. Si nous agissons maintenant et les appelons comme nous aurions dû, sur un ESR, il y a cinq ans, nous pourrons peut-être encore sortir de celui-ci avec des peaux entières. Certains d'entre nous, en tout cas. Messieurs, les listes de victimes d'il y a une heure n'étaient pas très encourageantes.

"Le sénateur de Penn-York cédera-t-il à une question ?"

Les yeux bleus et froids de Stine se brisèrent. "Cédez une minute au sénateur de Texamerica ."

"L'ITA a réalisé un projet AA pour ce système il y a environ onze ans, n'est-ce pas ? Et a répondu exactement à sept demandes de service d'urgence au cours des cent vingt dernières années, n'est-ce pas ? Au vu d'une assistance si fréquente, il semblerait... "

"Ce que veut vraiment dire le sénateur de Texamerica, c'est que si l'ITA devait obtenir un double-A pour la deuxième fois en onze ans, la réflexion sur son prestige rendrait les choses un peu gommeuses dans certains milieux, n'est-ce pas ?" Un marteau frappa violemment. Stine jeta un rapide coup d'œil à la section réservée aux représentants politiques terriens de l'ITA, et il vit que l'un d'eux était déjà debout pour exiger sa reconnaissance.

"Je cède pour tout le temps dont vous avez besoin ! Allez-y !" Stine s'assit , son visage jeune marbré de tension.

"Je peux rappeler au sénateur de Penn-York que l'ITA doit s'occuper de quelque cent douze autres mondes en plus de cette planète ! Et en ce qui la concerne, les planètes nuisibles feraient mieux d'être mortes ! Si nos écrans de torsion étaient inutilisables ; s'il n'y avait pas d'autre moyen de maintenir la planète ensemble jusqu'à la prochaine visite prévue dans neuf ans, alors peut-être qu'une ESR serait de mise. Mais comme il est évident que le Justificateur Gravitaire de ce système n'est que dans un désordre temporaire, et a été conçu pour être auto-réparable , un ESR pour un double A est tout simplement hors de question. Je le répète. En ce qui concerne l'ITA, une planète nuisible...

"Oui, et c'est juste la mainmise que vous avez sur vos cent treize mondes !" Stine s'était levé d'un bond et le marteau du président général cognait furieusement, mais il n'y prêta aucune attention. "Soyez de bons garçons et faites ce que nous vous disons et laissez-nous tranquilles pendant que nous sommes occupés à jouer à Dieu ou nous vous laisserons retourner aux haches

de pierre et aux grottes' - c'est ce que vous essayez de dire, n'est-ce pas ? ?"
Le marteau retentit avec une clameur assourdissante à travers le micro du
pupitre du Président général, et l'homme gris et chauve était maintenant
debout. Mais il y eut un soudain déferlement de voix et des applaudissements
dispersés dans toute la salle qui avaient rapidement commencé à enfler,
étouffant même la propre voix de Stine. Puis il mourut lentement, pour que
ses paroles puissent être à nouveau entendues. "Jouer à Dieu pourrait être
une bonne chose si vous pouvez prouver à tout moment à tout le monde que
vous avez toutes les réponses à tous les problèmes ! Mais ce ne sera peut-être
pas si facile si vous commencez à perdre le contact ; à perdre une partie du
réponses ! J'espère que le représentant de l'ITA n'essaie pas de nous dire que
l'organisation pour laquelle il travaille n'est plus capable de réparer un
Gravity-Justifier afin qu'il maintienne les planètes sur leurs orbites auxquelles
elles appartiennent ! Ou ai-je raison ? "

« C'est une accusation absurde et… » Le marteau tonna. "...et j'exige sa
rétractation immédiatement !"

"Ami, je suis né sur cette planète comme toi mais je travaille pour elle. Je ne
reste pas les bras croisés à la voir détruite parce que tes copains ont peur
d'admettre qu'ils pourraient glisser un peu et ne le veulent pas. pour montrer
! Je... » Un tonnerre d'applaudissements. La moitié de la salle était désormais
debout, et même sans les jeepikes, les acclamations auraient été
assourdissantes. "Je dis, Monsieur le Président, si nous voulons croire que
l'ITA est ce qu'elle prétend être - une organisation de services technologiques
dédiée au bien-être galactique - qu'elle soit immédiatement appelée pour un
projet AA, et, si elle refuse, que qu'il soit publiquement dénoncé par ce
gouvernement comme n'étant plus compétent à ce titre !"

Cette fois, lorsque Stine s'est assis, l'ovation qui a suivi ses paroles n'a laissé
guère de choix au directeur général.

Un vote fut organisé et Stine se rendit compte que, d'une manière ou d'une
autre, ses semaines et mois laborieux de propagande et de prosélytisme de
masse avaient enfin pris racine.

Il avait au moins été réconfortant de savoir que s'il échouait, un puissant
croiseur spatial bien équipé l'attendait dans un endroit secret dans les
montagnes au nord. C'était quand même réconfortant de le savoir. Parce que
les Tinkers devraient venir, maintenant, ne serait-ce que pour sauver la face.
Et bien sûr, ils ne seraient pas en mesure de tenir leurs promesses.

Et puis-

Il s'agita avec agitation sur son siège tandis que le décompte des voix était en
cours, et faillit en être éjecté une fois lorsqu'un grand tremblement de terre
secoua l'immense bâtiment ; des groupes d'hommes excités qui avaient

commencé à se presser dans les allées furent projetés en désordre sur le sol. Et Stine eut un petit sourire serré pour lui-même. Même la nature faisait sa part.

Un garçon de page se précipitait devant son bureau dans l'allée bondée, et il sentit soudain quelque chose de petit et de dur pressé dans sa paume. Il savait ce que c'était au toucher, mais il devrait attendre jusqu'à ce qu'il puisse partir.

Il n'a pas eu à attendre longtemps. Le Président général annonça lui-même le résultat du vote et, dans la demi-heure suivante, un ESR serait en route vers le navire Tinker le plus proche. Il y eut quelques cris de « Chemin de fer ! » et "—exigez un recomptage !" au milieu du bavardage bruyant de la séance ajournée, mais Stine était déjà en route.

Une seconde secousse le fit tomber à genoux à la sortie principale de la grande chambre ; il a stoppé les autopsies et a envoyé le corps auguste des hauts membres du Congrès se précipiter eux-mêmes vers d'autres sorties, et le départ anticipé de Stine est passé inaperçu, même auprès des journalistes en attente qui avaient eux-mêmes été dispersés sans cérémonie sur la moitié de la longueur du large couloir de sortie.

L' ascenseur à pression le descendit rapidement jusqu'à ses bureaux au sous-sol.

Un panneau glissa silencieusement de son impressionnant bureau martien en bois de drokii . Il ne lui restait plus qu'à retirer la petite bobine de microfilm du récipient plat de la taille d'une pièce de monnaie que le page lui avait si soigneusement remis et à l'insérer dans le projecteur compact suffisamment longtemps pour mémoriser complètement les symboles codés.

Puis il a détruit ensemble la bande et le conteneur.

Presque négligemment, il arracha le téléphone de son support, mais entailla un petit bouton qui garderait la vidéo vide.

Il composa le numéro, attendit.

"Newton ? Pour chaque action, il y a une réaction égale et opposée. La réponse est oui."

Il a raccroché.

V

Saturne palpitait pâle dans le vide devant eux comme s'il était peint en trois dimensions par un maître artiste. Kane désigna le spectacle à travers la bulle de contrôle en verre dur . Les planètes aux anneaux étaient rares, même dans les vastes profondeurs de l'espace que commandait l'ITA avec sa flotte lointaine. Et vers l'immense planète en bandes, sous le vent, balança le plus gros de ses satellites, rendus depuis longtemps habitables par l'intelligence désormais oubliée des Solmen .

"Titan?" Demanda Deanne.

"C'est vrai", a déclaré Jon.

"Puis-je vous demander pourquoi vous avez décidé de faire cela ? Il semble y en avoir d'autres. Des planètes grandeur nature, même." Elle se tenait maintenant près de lui, observant la beauté silencieuse du paysage spatial comme si, pour le moment, elle avait tout oublié. Jon la regarda et se demanda. Pourquoi, vraiment, était-elle venue avec lui ?

« Avant les guerres », commença-t-il, « Solmen a fait de ce satellite son premier projet de conversion ; il l'a transformé d'un désert gelé et mort en une oasis fertile et propice à la vie dans l'espace. Les techniciens ont abattu là où ils se trouvaient. À l'époque où les vaisseaux spatiaux ne ressemblaient même pas à des vaisseaux spatiaux – des affaires maladroites à trois sphères – mais ils fonctionnaient. Je ne pense pas que les Solmen laissés sur Titan aient jamais vraiment oublié ce qu'ils ressentaient ce jour-là, leur dernier lien. avec Sol III a été coupé, leur dernier vaisseau détruit par les foules venues de la planète mère malgré la faible résistance qu'ils ont pu opposer. Dernier maillon sauf l'ITA, bien sûr, mais bien sûr ils ne le savaient pas. Je serais même ITA à cette époque. Les choses étaient plutôt difficiles pendant un certain temps . "

" Comment sais-tu tout cela ? D'après ce qui est enseigné dans les cours d'histoire... " Elle laissa sa phrase s'écouler et le regarda soudain en face. Et la compréhension s'éveilla dans ses yeux. "Vous n'êtes donc pas... pas un génie mutant et erratique, comme B- Haaq l'a dit à mon oncle."

"À peine, Deanne, à peine. Vous avez bien deviné, je pense. J'ai mis la main sur quelques vieux livres une fois. C'est tout. D'une certaine manière, j'en sais plus que ce que l'ITA a oublié en deux cents ans. Et c'est pourquoi j'ai choisi Titan. Je peux me tromper, bien sûr. Mais de tous les endroits où le ressentiment pouvait encore couver , même après si longtemps, Titan semblait être l'endroit idéal. Les Solmen là-bas savaient ce que la science et la technologie pouvaient accomplir pour le bénéfice des hommes ; ils connaissaient mieux Tout d' abord parce qu'ils ont contribué à accomplir le miracle de la création d'une planète vivante à partir d'un morceau de roche stérile. Et parce qu'ils l'ont fait, beaucoup d'entre eux ont été massacrés, tout comme les autres techniciens et scientifiques dans les jours sombres qui ont suivi l'Holocauste . ne pensez pas qu'ils ont oublié. Et c'est pourquoi je pense qu'ils vont nous aider.

" Vous voulez dire qu'il y a... vous voulez dire que l'ITA est en fait mécontent ? C'est impossible ! Nous sommes très bien accueillis partout où l'un de nos navires atterrit ! Pourquoi, sans nous, la civilisation serait... "

"Tu oublies, Deanne, que ces techniciens qui ont pu sauver leurs peaux pendant les jours sombres, et qui sont devenus plus tard l'ITA, s'enfuyaient, battant en retraite précipitée, un retrait stratégique, peu importe comment vous voulez l'appeler. Ils se sont retirés dans leur propre coquille assez imprenable, dont, je dois ajouter, ils n'ont même jamais essayé de sortir. Les Space Tinkers, on les appelle parfois...

"Les bricoleurs de l'espace !"

"Bien sûr. Descendants d'armuriers du passé. Soyez heureux qu'on ne vous traite pas de gitans ! Vous bénéficiez du doute. Au moins, on sait assez bien que l'ITA peut retracer ses ancêtres jusqu'à de *vrais* techniciens !" Kane lui sourit et pensa brièvement à quel point la colère rapide ajoutait à la beauté de ses traits patriciens. "De toute façon, pour les yeux et les oreilles des Tinkers, il n'y a jamais eu que des accueils et des éloges partout où ils ont atterri. Rien que, et de manière très militante aussi, je vous le dis. Personne ne veut mourir quand la médecine Tinker peut les sauver, geler lorsque Tinker a réparé les centrales de chauffage peut les garder au chaud en hiver. Mais en dessous, en dessous, le pouvoir que l'ITA détient sur les moyens de subsistance mêmes de la civilisation est assez douloureusement ressenti.

"Mais... mais nous ne sommes pas des dictateurs, Kane ! C'est un mensonge ! Nous n'avons jamais profité de..."

"C'est vrai, et tout cela est du côté du crédit. Je ne pense pas que l'ITA ait jamais eu d'autre motif que d'assurer sa sécurité. S'assurer qu'il ne connaîtra jamais la quasi-extinction que ses ancêtres ont connue. Mais ce faisant, , vous voyez, ils ont dû se placer dans une position assez dominante. Et ils ont réussi. Ils ont refusé l'apprentissage et la formation techniques à toutes les planètes, sous peine de perte du service technique périodique très nécessaire sur lequel le les planètes dépendent du confort d'une vie civilisée… »

"Je me rends compte de tout cela. Où, après tout, se trouveraient les planètes si les Justificateurs de Gravité finissaient par céder faute d'entretien approprié ? Au moins l'histoire qu'on m'a enseignée disait que pendant les Guerres, les planétésimaux et même des planètes entières "

"Scientifiques, Deanne."

"Eh bien, quels qu'ils soient, ils ont été capables de concevoir des mécanismes pour flotter sur leurs propres orbites, déformant l'espace de manière à créer un équilibre artificiel. Ces Geejays ont sauvé des milliards de vies, et après la réaction sanglante des guerres et les hommes qui les ont inventés ont été tués, qui d'autre est resté pour les maintenir en état de marche ? Je devrais penser que les gens… »

"Merci l'ITA ?"

"Eh bien, oui, bien sûr." Il y avait un air de défi sur son visage, mais Jon Kane souriait. Saturne se trouvait maintenant loin sur leur côté tribord, et les systèmes automatiques du vaisseau les ramenaient morts sur Titan. Le planétoïde grossissait visiblement de minute en minute, et l'autre anneau de son primaire projetait l'intérieur du vaisseau spatial dans une ombre étrange et variée .

"Si vous étiez là-bas en costume et que quelqu'un d'autre tenait votre réservoir d'oxygène , contrôlant la quantité d'air que vous pourriez avoir, que ressentiriez-vous pour lui ? Auriez-vous envie de le remercier de vous laisser respirer de l'air ?"

"Eh bien, je—"

"Vous le surveilleriez de très près. Et s'il commençait à vous dire quoi faire et quand le faire, sinon il vous étoufferait, vous en arriveriez à le détester même s'il se comportait comme l'esprit du Christ. Lui-même!"

"Qui vous a appris tout cela, Maître Kane ? Qui est ce Christ ?"

« Écoute, Deanne, un homme adulte devrait être capable de penser par lui-même ! Mais avant de t'énerver à nouveau contre moi, réponds juste à cette question à propos du gars qui tient ton oxytank — et suppose que, d'une manière ou d'une autre, il oublie, petit à petit, comment faire fonctionner la valve — et j'ai réalisé qu'il y avait une chance que vous le découvriez ? Il ne serait plus dans le siège du pilote, n'est-ce pas ?

"Il ne serait pas capable de me faire taire, si c'est ce que tu veux dire," dit-elle rapidement, reprenant désormais son analogie. "Mais il ne serait pas non plus capable de me donner plus d'air si j'en avais besoin!"

"Et alors , que se passe-t-il ?"

Le visage de la jeune fille devint soudain sombre. Pendant un long moment, Kane put voir, elle réfléchissait et réfléchissait sérieusement. Et puis elle dit longuement : « C'est là que vous entrez ?

"Si je peux te rendre ton réservoir d'air, je suppose que oui."

"Et si tu ne peux pas ?"

"Alors j'ai peur que celui qui a le plus de problèmes soit celui qui le tient", répondit Jon.

Et puis il s'est détourné d'elle, s'est réinstallé devant les panneaux de commande et a déclenché les automatismes.

En quelques minutes, il fit basculer l'annexe et descendit de son jet vers l'un des plus grands ports spatiaux de Titan.

C'était encore une planète brillante, et son atmosphère artificielle, ses îles et ses grands lacs étaient tels que son père les avait décrits. Titan était en effet une oasis dans la froideur cruelle du vide.

Il a débarqué l'annexe avec à peine un choc, puis, sans un mot, lui et Deanne ont ouvert les écluses de la petite embarcation et sont sortis sur le tarmac pour saluer l'équipe de débarquement qui avait été alertée pour les recevoir.

Deux hommes de grande taille et masqués s'avancèrent.

"Jon Kane et Deanne Starn ?"

"Salutations—" commença Kane.

"Vous viendrez avec nous", dit l'un d'eux. Sa courte barbe rousse semblait briller dans la lumière atmosphérique du soleil. "Vous êtes en état d'arrestation!"

La petite cellule climatisée était au moins propre et loin de celles de Procyon V. Il y avait même une tablette basse sur laquelle s'allonger, et Jon s'y étalait. Il regrettait vaguement qu'ils ne l'aient pas séparé de la jeune fille. Elle était jolie et avait de l'intelligence. À eux deux, ils auraient peut-être trouvé une issue, mais seuls, c'était comme se cogner la tête contre un mur de carbonite.

Il s'était trompé le plus possible à propos du Solmen sur Titan, d'accord. La police de sécurité qui les avait réservés et amenés ici n'avait pas dit grand-chose, mais il suffisait de peu d'informations pour comprendre que le vaisseau amiral Tinker, ayant découvert que l'appel d'offres ne devait pas être dépassé, avait simplement diffusé un message sur toutes les planètes. bulletin. Il aurait été idiot de le déposer dans un port spatial ordinaire. Il venait d'y entrer directement. Et maintenant, il ne restait plus qu'à attendre qu'un autre appel d'offres ou que le Flagship lui-même vienne les chercher. Il n'était pas sûr de ce qui arriverait à Deanne, mais pour lui, une accusation de meurtre, sûrement.

Cela représentait la cellule à laquelle ils l'avaient assigné. C'était différent des prisons de Proky à plus d'un titre ; aussi résistant à l'évasion que le tombeau lui-même. Kane avait même le sentiment que la cellule le surveillait.

Il se retourna sur le dos et examina du regard le plafond en acier sans rivets . Et tous les murs et le sol étaient identiques, à l'exception des minuscules bouches d'aération situées à l'extrémité du plafond pour la circulation de l'air, et des lignes presque microscopiquement fines dans le mur le plus proche qui délimitaient la porte de la cellule d'un pied d'épaisseur.

Il inspecta à nouveau les murs, le plafond et le sol, et la seule ouverture était le conduit d'air, bien trop petit pour qu'un homme puisse y ramper, même sans ses persiennes d'apparence solide.

Soudain, Kane se souvint de la ruse qu'il avait employée à bord du vaisseau amiral. Instantanément, il se leva. Il traîna la palette sous le petit point grillé du plafond et, debout dessus, il était à peine capable de toucher les persiennes. Les Solmen de Titan devinrent plus grands que ceux de Terra. Il s'était déshabillé jusqu'à la taille et avait plié le tissu ferme de sa tunique Cadtech pour en faire une bourre solide. Puis il l'a maintenu contre la bouche d'aération de toute la force de ses doigts jusqu'à ce qu'il ait mal aux bras !

La cabine devenait étouffante et la sueur coulait de manière exaspérante sur ses côtes nues.

<hr>

Il détendit les muscles de ses bras juste au moment où un léger courant d'air lui traversait le dos. La porte s'ouvrait silencieusement derrière lui !

Il en avait presque fini avant que la tunique ouatée qu'il avait laissée tomber ne touche le sol derrière lui.

Il continua d'avancer avec toute la force qu'il avait en lui dans le long et large couloir.

Mais il n'y avait pas de gardes. Particulier.

Soudain, une étrange vibration secoua le sol du couloir. Probablement quelque chose dans le redresseur de gravité artificiel du planétoïde qui méritait d'être réparé. Seigneur, si l'ITA prenait soin du redresseur comme il s'occupait de l'alarme du climatiseur, tout le monde se retrouverait bientôt dans la gravitation normale et désagréablement légère du petit planétoïde. Un homme aurait de la chance s'il pesait quarante livres !

Le couloir trembla de nouveau, cette fois plus violemment ; cela l'a momentanément déséquilibré, et il n'a pas pu le retrouver avant que le suivant ne le frappe et ne l'envoie s'étendre.

Il lutta pour se mettre à genoux et un terrible bruit déchirant retentit au-dessus de lui. Il a regardé en haut. Une déchirure irrégulière divisait le couloir alors même qu'il regardait ! Une sorte de tremblement de terre.

Il s'arrêta un moment, reprenant son souffle, essayant de réfléchir. Et puis soudain, il y eut un bruit de pas qui couraient et la voix d'un commandant de garde résonnant dans un écho retentissant sur les côtés lisses du couloir.

« Gérez les tableaux de contrôle. Laissez- les sortir ! »

Les portes s'ouvrirent de chaque côté de lui ; certains étaient déjà bouclés et ouverts seulement partiellement, mais les hommes à l'intérieur sont sortis, et en quelques secondes, le couloir était rempli d'humanité courant et hurlant provenant de toutes les colonies du système.

Jon faillit renverser un garde. Il attrapa l'homme par l'épaule, ses pouces s'enfonçant dans les points douloureux.

"Parlez ! Que se passe-t-il dans les sept enfers ?"

" Courez, imbécile ! Lâchez prise ! Les Anneaux arrivent sur nous ! Tout ce foutu planétoïde commence à se briser ! Aïe, bon sang ! C'est le Geejay . La Terre va en enfer depuis plus d'une heure maintenant ! "

"Et ils l'ont laissé frapper ici sans prévenir ? RÉPONDEZ-MOI !"

"Tu es fou ? Les faisceaux de distorsion sont réservés à l'ITA. La radio à l'ancienne est tout ce que nous avons, et cela prend quatre-vingts minutes—"

"Merci!" Jon relâcha l'homme désespéré, le repoussa et se fraya un chemin vers le couloir bondé.

Il a dû sortir du bâtiment mais il était coincé dans cette foule folle.

Une autre secousse, celle-ci pire que toutes les autres, envoya le couloir encombré dans un tourbillon de coups de pied et de griffes confuses. Et Jon fut le premier à voir le petit panneau clignotant maintenant SORTIE D'URGENCE, glissant lentement, à contrecœur, contre un cadre plié.

Il l'avait vécu en premier. Il est entré par effraction dans une cour de prison ouverte où était garé la forme trapue et profilée d'un jetgiro . C'est fou, ce jetgiro assis comme ça dans la cour d'une prison, comme s'il attendait juste quelqu'un qui allait sortir par la sortie de secours. Il s'est enfui. Il fallait se dépêcher : les autres n'étaient pas loin derrière, et s'ils les rattrapaient, il ne ferait jamais décoller l'engin. Ils le grifferaient.

Il jeta un rapide coup d'œil vers le ciel, et il semblait être en feu. Même dans l'éclat de la lumière artificielle de Titan, les particules projetées par les anneaux perturbés flamboyaient de manière aveuglante. Saturne lui-même remplissait la moitié du ciel et, même à l'œil nu, les grands anneaux s'évasaient dangereusement sur les bords.

Il s'est mis aux commandes du giro au moment où la foule franchissait la sortie.

Il pria pour que les moteurs ne soient pas trop froids, et alors même que le sol en durastone de la cour se fendait violemment sous lui et engloutissait une douzaine d'hommes, il frappa le bouton de l'ascenseur et le petit véhicule s'éleva lourdement dans les airs.

Froid, bien sûr. Non... la chaleur du moteur est presque normale. Alors-

"Désolé, Maître Kane."

Et c'est tout ce qu'il a entendu. Il ressentit une douleur soudaine et terrible à la tête, puis il ne ressentit plus rien d'autre.

VI

Deanne a vu le panneau clignoter SORTIE D'URGENCE trop tard, et son hésitation momentanée dans le couloir transversal a mis fin brusquement à sa tentative désespérée. Le seul garde qui autrement ne l'aurait jamais vue leva son arc à ressort avec un air d'étonnement hébété sur ses traits barbus, et elle se figea.

"Ne... s'il te plaît !"

"Comment as-tu échappé?" Il se rapprocha, l'arc à ressort était tendu.

"Ma—la porte de ma cellule. Pour une raison quelconque, elle ne s'est pas fermée correctement, et je—je—"

"C'est en effet une histoire probable, ma jolie ! Les évasions de cette prison ne se font pas si facilement ! Vous venez avec moi... allez !"

Son ordre se termina par un cri aigu de surprise. L' arc à ressort s'échappa de sa main tandis que le couloir se balançait soudainement de façon folle, et Deanne se sentait projetée physiquement contre le panneau de sortie !

Il glissa à son contact, et elle le traversa, puis fut projeté tête baissée lorsqu'un second tremblement l'arracha de ses pieds. Le monde entier semblait se désintégrer autour d'elle.

Elle trouva de la force et courut à nouveau, essayant en vain de garder son équilibre, de maintenir le sol du couloir sous ses pieds. Et puis courant vers elle... Dieu, un autre garde...

Non! Non, ce n'était pas un garde ! *Et ça ne pouvait pas être...*

Il l'attrapa, la tint sans un mot.

"B- Haaq ! B- Haaq —comment—"

" Majtech B- Haaq à vous à partir de maintenant ! Juste en route vers votre cellule pour vous ramener à votre place ! Et ce parvenu Kane ! Seulement cela pourrait m'éviter des ennuis— "

Il l'entraîna brutalement après lui jusqu'à la rampe ouverte qui plongeait doucement dans les larges parkings. La rampe trembla, se déforma sous eux, mais elle parvint à ne pas tomber.

"Je—je pensais que tu—Kane—"

"Je pensais qu'il m'avait tué, n'est-ce pas ? Il s'est approché suffisamment près, et il va le payer ! Venez..."

Ils traversèrent les mètres au demi-course.

B- Haaq la hissait sur la marche arrière, puis la serrure extérieure s'ouvrait et ils étaient à l'intérieur.

Le petit vaisseau spatial se balançait de façon écoeurante sur ses supports.

B- Haaq a aboyé à son pilote en attente. « Montez sur le navire, imbécile ! Voulez-vous que nous fassions naufrage avant même que nous soyons en route ?

Le technicien au visage sombre a frappé ses crampons presque avant que Deanne ne se soit installée sur un siège arrière , puis avec une dangereuse surcharge de puissance, l'annexe a sauté hors du planétoïde frissonnant.

"B- Haaq —pour l'amour de Pluton, que se passe-t-il—"

"N'as-tu pas encore appris ce que ça fait quand un Geejay tombe en panne ? Sol III prend ça depuis plus d'une heure. Heureusement pour vous , le déséquilibre planétaire n'affecte pas simultanément tous les corps d'un système, ni ce morceau de roche là-bas. ce ne serait plus que des décombres maintenant..."

« Y a-t-il déjà un projet AA en cours ? »

" Bien sûr que oui. Le vaisseau amiral a reçu un ESR à poutre de distorsion de Sol III, et bien sûr, nous avons envoyé un équipage pour s'occuper immédiatement de ces nuisances. Une de nos tâches, après tout...."

La jeune fille déboucla les sangles de son siège arrière et se redressa. "Tu veux dire qu'ils ont dû *appeler* ?"

"Que voulez-vous que nous gardions une surveillance constante sur toutes ces planètes isolées—"

"Selon le règlement—"

" Vous en savez beaucoup sur les Règlements, jeune femme ! Réalisez-vous quelle est l'accusation portée contre vous ? Et que la vie de deux hommes a été risquée pour vous ramener en un seul morceau ? "

"Tout ce que je sais, c'est que le Geejay de ce système a été réparé il y a seulement onze périodes, et qu'il était censé être bon pendant au moins…"

"Cela suffira, sinon vous vous retrouverez face à plus qu'une simple perte de rang !"

Elle rougit. "Et cet homme Kane ?" elle a demandé.

"Il a de la chance", répondit B- Haaq en souriant lentement. "Il sera tué là-bas avant qu'ils aient fini leur travail double-A."

Une alarme retentit dans le vaisseau, et il vira brusquement sur ses systèmes automatiques, évitant les masses de débris qui étaient toujours projetées dans l'espace depuis l' anneau extérieur de Saturne. Des minutes s'écoulèrent avant que le technicien aux commandes, le visage vidé de ses couleurs par la tension de guetter le premier signe de panne de l'automatisme, puisse se détendre et mettre le cap vers l'extérieur vers la carcasse imminente qu'était le directeur Gentech . Le vaisseau amiral de Starn , dérivant lentement au bord du système.

<hr>

Deanne s'arrêta sur le podium, se fondit dans ses ombres. Elle n'avait rien entendu. Elle connaissait chaque centimètre carré du grand vaisseau amiral tout comme elle connaissait les dimensions limitées de ses propres quartiers ; connaissait les principaux couloirs de circulation et les heures de chaque cycle où la circulation était à son maximum et à son reflux. Et elle connaissait également le réseau labyrinthique des podiums de maintenance.

Ses ordres indiquaient « Confiné dans ses quartiers en attendant la décision concernant les accusations suivantes... » mais son commandant de section ne savait rien des hommes comme Kane, ne savait rien du feu qui pouvait toucher l'âme d'un homme et enflammer la rébellion qui flambait maintenant si intensément dans la sienne. . Il y avait peu de chances que Coltech Q- Jaax vienne à l'esprit qu'elle pouvait être n'importe où sauf dans ses quartiers. En tout cas, c'était son pari, et c'était un pari bien moins désespéré que celui que Kane avait pris pour ce qu'il croyait.

La salle de conférence se dressait au-dessous d'elle, dans l'obscurité de la section médiane caverneuse du navire, et il ne serait pas difficile de localiser l'un des nombreux conduits de pression. Mais il lui faudrait retirer une petite pièce de transition, et… non ! Qu'aurait fait Kane : extraire simplement une seule vis à métaux stratégique et *balancer* la pièce de côté ! Cela permettrait de gagner des minutes. Entendre les hommes en bas serait alors aussi simple que si elle se tenait dans la chambre avec eux.

Et elle devait entendre, elle devait savoir ce qu'ils avaient prévu. Pour que d'une manière ou d'une autre, Jon, s'il vivait encore, pourrait le savoir.

En quelques secondes, elle quitta l'étroite allée et tomba sans bruit au sommet du vaste plafond métallique de la chambre. Elle estima rapidement la zone sous laquelle se trouvait la table principale du conseil, puis chercha le conduit le plus proche de l'endroit. Quelques secondes plus tard, elle se retrouvait allongée dans l'ombre profonde, capable d'entendre.

"... et pour être tout à fait direct, je suis vraiment inquiète..." C'était son oncle. "Le comportement extraordinaire de ma nièce pourra être discuté plus tard, messieurs. À l'heure actuelle, cette question des Justificateurs Gravitaires est de la plus haute importance. Tout d'abord, Captech D-Yun, pourquoi n'ai-je pas été immédiatement informé de la difficulté périlleuse du système Sol ? Ces gens dépendent de nous pour leur vie ! Eh bien ? »

"Il n'y a aucune excuse, Sire."

"Oui, je pense que c'est peut-être le cas ! Si ce n'est pas une excuse, alors au moins la raison ! Si ma mémoire est bonne, cela fait à peine onze périodes depuis la dernière révision du Sol Gravity-Justifier, un travail, messieurs, cela a été valable dans le passé pendant au moins cinquante périodes ! Fallait-il peut-être m'empêcher de savoir que le travail effectué il y a onze périodes était un échec ?

Une pause serrée. Et puis, "Certainement pas, Sire", sur un ton doux de la part de D-Yun. "Mais ces gens ont été tellement... enfin, des nuisances. Nous leur avons donné bien plus que leur part de service qu'une forme de sabotage s'est naturellement imposée. Nous étions en train d'enquêter analytiquement..."

"Je n'accepterai rien de tout cela, pas de la part d'aucun d'entre vous ! Du sabotage en effet. Eh bien, c'est un fait établi que Sol n'est pas le seul système dans lequel une panne s'est produite bien avant la tolérance prévue ! Oui, je le sais, aussi, messieurs ! Il y a une autre chose que je sais également. Je sais qu'il n'y a pas de sabotage. Je sais que mon équipe personnelle de copieurs a été surchargée de travail pendant une période entière dans le but de tenir les gens de plus de vingt systèmes stellaires différents au courant. des difficultés techniques majeures qui sont de plus en plus fréquentes dans chacun des autres ! Je sais que la propagande, au lieu de la compétence technique, a maintenu intact le prestige de l'Alliance ! La faute ne peut pas être imputée aux saboteurs de Captech D-Yun ! Il faut être posés carrément à notre porte, messieurs ! Pour une raison que j'aimerais connaître, nous n'avons tout simplement pas été en mesure de suivre le rythme. Nous ne sommes pas les techniciens qu'étaient nos pères, et une étude minutieuse montrera qu'ils n'étaient pas des techniciens. pour égaler leurs pères, ni eux leurs pères avant eux ! Lentement mais trop sûrement, nous perdons quelque chose ! Pourquoi?"

Deanne respira faiblement, s'efforçant d'entendre chaque mot.

« Peut-être, Sire, l'efficacité de notre système de recrutement de techniciens Cad pourrait-elle être améliorée. Même si je l'admets, les planètes n'ont pas produit de jeunes du calibre de... »

" Bah ! Au contraire, ils deviennent de plus en plus intelligents ! Et nous n'avons eu que peu de mal, parmi vingt et un systèmes stellaires répartis dans deux galaxies, à obtenir le quota périodique nécessaire ! Pourtant, nos nouveaux vaisseaux ne sont pas aussi bons. " Notre nombre augmente, mais c'est tout ! Et le simple nombre, en lui-même, ne vaut rien ! "

Une autre voix répondit, mais elle ne parvint pas à l'identifier. « Cela pourrait être attribué, Sire, à la moindre qualité des matières premières que les planètes sont tenues par la loi de nous fournir aux intervalles prévus en échange de notre service... »

"C'est du lavage d'étoiles , et vous le savez ! Au contraire, la qualité s'est améliorée depuis la découverte de nouvelles planètes minières. Je peux encore lire des enregistrements, jeune homme ! Peut-être ne connaissez-vous pas vraiment le directeur que vous essayez de tromper. !"

"Si, Sire, je peux revenir un instant sur la question du sabotage..." Un curieux frisson parcourut le dos élancé de Deanne. C'était B- Haaq qui parlait. "Je suggère que dans ce cas particulier, Captech D-Yun pourrait bien avoir raison. Je parle à la lumière du renégat, Cadtech Kane. Avant sa capture sur Titan, on ne sait pas jusqu'où il a pu aller pour se venger, Sire. En tant que Cadtech de Quatrième Période , il savait que Geejay coordonnait au moins douze systèmes, et il savait aussi de quoi dépend la puissance de l'ITA : l'efficacité technique. Si cela devait être déformé de manière flagrante par un tel sabotage, le prestige et l'efficacité de l'ITA Le pouvoir en souffrirait bien sûr, et la soif de vengeance de Kane serait apaisée. Je pense qu'il est peut-être d'une importance primordiale que nous cherchions à découvrir où il pourrait frapper ensuite ! Si, c'est-à-dire, il survivait à la désintégration de Titan.

Un murmure monta, devint plus bruyant et Deanne se sentit retenir son souffle. Puis il y eut à nouveau la voix de son oncle—

"Tu utilises le mot 'pouvoir' étrangement, Majtech ."

"Pas du tout étrange, Sire ! Notre excellence technique a rendu toutes les planètes complètement dépendantes de nous ! Vous direz peut-être que ce n'est pas la vengeance que nous recherchons, mais seulement la sécurité. Vous direz peut-être que si nous avons du pouvoir et du prestige, c'est uniquement pour notre propre protection , afin que ce qui est arrivé à nos ancêtres il y a des siècles ne se reproduise plus jamais. Toutes ces choses sont vraies. Mais il est également vrai que le pouvoir est le pouvoir. Nous l'avons, car deux galaxies dépendent de nous pour l'essentiel. vie de leurs civilisations ! C'est Kane qui la menacerait ! Y renoncer, ou se laisser nous l'enlever si facilement, c'est faire de nous-mêmes les imbéciles que Kane considère avec tant de confiance que nous sommes ! Des siècles de travail et de progrès est en jeu, messieurs ! Si ce Kane a échappé à Titan, nous devons le retrouver ! Et s'il ne l'a pas fait, alors nous devons défaire son œuvre ! Nous devons, en bref, montrer à ces planètes qui tient le fouet, d'abord, dernier et toujours!"

Il y a eu un moment de silence. Puis, soudain, un flot croissant de voix d'approbation s'est élevé, et il y a eu des applaudissements épars. Et cela ne s'est pas calmé immédiatement lorsque le directeur Gentech a pris la parole.

"Messieurs! Messieurs. Vous devez savoir que je désapprouve totalement les opinions que Majtech B- Haaq vient d'exprimer, et je suis certain qu'après un moment d'introspection, vous ressentirez la même chose que moi. J'ai souvent pensé au " L'homme Kane, et je me suis souvent demandé à quel point il avait pu être proche de nombreuses vérités que nous avons soit négligées, soit oubliées ! Cependant, en toute honnêteté envers le Majtech , j'appellerai à un vote. Ceux qui sont en faveur des propositions du Majtech pour passer au peigne fin le Sol System pour Cadtech Kane, et pour affirmer le prestige de l'ITA, votera «oui». Ceux qui s'y opposent voteront blanc. »

Silence, alors, et Deanne compta les battements de son cœur, pensant qu'ils devaient sûrement être assez forts maintenant pour être entendus sur toute la longueur et la largeur du navire.

"... les bulletins de vote ont été comptés, messieurs..." La voix grave était lente et délibérée comme toujours - et pourtant elle semblait, d'une manière ou d'une autre, trop lente maintenant, trop grave. " Les propositions de Majtech B- Haaq sont approuvées à la majorité de... d'une voix. Nous allons donc commencer nos recherches immédiatement et espérons que j'ai également eu tort dans mon évaluation de notre efficacité technologique actuelle. Cette session est maintenant ajournée. "

Directeur Gentech Starn avait subi le premier abandon de sa longue carrière.

<hr>

VII

Il y avait des sensations dures et piquantes sur son visage. Ils percèrent l'infini des ténèbres jusqu'à ce qu'ils touchent ses nerfs nus et les ténèbres reculèrent lentement pour devenir une lumière aveuglante.

Une silhouette en combinaison spatiale se tenait au-dessus de lui, et elle tenait la forme molle d'une combinaison vide dans une main et une arme de poing dans l'autre, et l'arme était tendue vers lui, la crosse en premier !

Il pouvait voir le visage dur aux sourcils de scarabée derrière le masque scellé du casque. La bouche bougeait rapidement, mais il ne pouvait pas entendre.

La tête de Jon lui faisait mal, et la douleur se répandit dans tout son corps lorsqu'il bougea pour mettre ses pieds sous lui et se leva. Inconsciemment, il savait qu'il était à bord d'un vaisseau dans l'espace ; il y avait la vibration subtile et ondulante si familière à tout homme doté de Spacelegs , et il y avait l'odeur d'une atmosphère pompée et la curieuse sensation de gravité artificielle.

Il essaya de réfléchir tout en prenant le costume poussé dans ses bras par l'homme qui l'avait ramené à lui et commença à y grimper, hébété. Un costume, à l'intérieur d'un navire dont l'atmosphère était parfaitement respirable ? Un *navire* ! Bricoler? Non – aucun vaisseau de l'ITA, même le plus récent, n'avait des cloisons aussi épaisses ou n'était équipé de combinaisons d'une conception aussi particulière – difficile d'y entrer, rien n'était à sa place. Mais si ce n'était pas un métier ITA, alors – mais ce n'était pas possible !

A peine avait-il réglé le casque que les radiophones crépitèrent.

« Enlevez-le, faites sceller cette plaque frontale ! Tiens, vous aurez peut-être besoin de ceci – » Il avait pris soin de la plaque frontale, et maintenant l'arme de poing curieusement façonnée était poussée dans sa main droite.

"Quoi-"

"Il y a une demi-centaine de Tinkers qui tâtonnent avec un Projet AA. Les choses s'arrêtent sur les planètes, mais ils n'ont toujours pas réparé ce foutu truc comme il devrait l'être... nous ont trouvé, cependant..."

"Nous?" Sa langue était encore épaisse dans sa bouche et il était difficile de parler, ou même de trouver des mots à dire.

"Vous en saurez plus sur nous plus tard. Mais dans environ une minute, ils seront à portée, et leurs canons spatiaux nous attaqueront de toutes leurs forces. Ils seraient des canards morts si ce seau était équipé comme il se doit...." L'homme jura. "... mais il n'y a pas encore assez de E-blasters pour tout le monde, ni de I-drives non plus, et c'est pourquoi nous allons être un gros tamis en moins de temps qu'il n'en faut pour le dire. Je suppose que ce n'est pas le cas . ta faute-"

« Ma faute ? Aux dernières nouvelles — »

"Désolé si je t'ai frappé trop fort, mais le patron a dit d'être sûr. Soyez sûr, dit-il, et il nous envoie dans l'un des premiers chars que nous avons fabriqués au lieu d'un des nouveaux travaux ! Parfois, je—"

"Pas de vaisseau d'évasion ? Non—"

"Vous plaisantez ? Nous nous asseyons ici et le prenons ! Nous pourrions nous rendre dans les ports, mais les blocs d'alimentation de ces combinaisons ne sont pas à la hauteur de leurs offres spatiales. Ils viendraient nous chercher, c'est sûr. Moi, je mourrais dix fois d'abord!"

Jon a essayé d'assimiler l'information, a essayé de tout comprendre alors même qu'il luttait pour reprendre pleinement conscience.

"Pourrais-tu me dire où nous sommes ? Où allons-nous ? Pourquoi diable j'ai été shanghaied ?"

"En ce moment, environ deux points sphériques au nord-nord-ouest de Jupiter, moins environ douze à l'écliptique. Vous saurez où nous allons , si nous survivons à cela. Et vous n'avez pas été shanghaié. Pas jusqu'au bout, de toute façon. Vous ne pensiez pas que le système d'alarme restait silencieux tout seul, n'est-ce pas ? Ou que le jetgiro s'est envolé tout seul jusqu'à l'endroit où vous l'avez trouvé ? Le patron va encore avoir mal. Nous étions censés mettre le filet sur deux des toi-"

Donc ça *avait* été trop facile ! Bien sûr, on n'avait pas prévu le tremblement de terre et cela avait perturbé le plan, mais au moins il y avait eu un plan, et cela signifiait qu'il y avait quelqu'un qui voulait qu'il quitte l'ITA.

"Tu n'étais pas sur Titan cinq minutes avant que nous le sachions."

"Mais qu'en est-il de la fille ? Le Lenantech arrêté avec moi ?" Quelque chose de froid le rongeait soudainement, et le souvenir des terribles tremblements de terre lui revint précipitamment, et il pouvait visualiser Deanne, allongée sans vie quelque part.

"Je ne sais pas. En l'état actuel des choses, tu nous as presque manqué après le début du séisme. Les plans ont été complètement détraqués en ce qui la concernait. Mais plus de foutues questions stupides. J'étais censé t'orienter avant qu'ils ne soient au top. nous et tu as tout, sauf—"

Il y a eu une embardée soudaine et Jon a été projeté à plat ventre, a été soudainement soulevé comme par une main gigantesque et projeté corps à corps vers une trappe auto-obturante qui s'est fermée au moment où il s'y est écrasé lourdement. La chambre était désormais pratiquement sans air. Ils avaient été touchés par un missile Tinker, et il y avait un trou béant quelque part dans la coque de ce vaisseau.

Il se releva péniblement. Puis j'ai vu l'autre homme, immobile, affalé sur le pont. Un fragment de métal déchiqueté était incrusté dans sa poitrine. Il y eut une autre embardée écoeurante, puis une autre. Ils étaient assaillis par tout ce que le Tinker-ship possédait.

Mais d'une manière ou d'une autre, il parvint aux côtés du blessé. Les yeux durs ne s'ouvrirent qu'un instant et les lèvres remuèrent. Les sons qu'ils émettaient n'étaient qu'un murmure dans ses écouteurs.

"Six... neuf-X. Point... oh un-Y. Huit six. Z—"

Et puis les yeux s'ouvrirent grand et les lèvres se fermèrent, et l'homme était mort.

Le navire frémit à nouveau et, à travers son casque, Kane entendit une explosion sourde et retentissante, et il sut que l'engin avait été mortellement touché. Encore une seconde et il se séparerait au niveau des coutures. Tous les pistolets Tinker étaient sur la cible et tiraient à volonté.

Les serrures ! Où diable seraient les écluses sur ce navire étrangement conçu ?

Il respira à nouveau lorsque la trappe s'ouvrit à cause de la diminution de la pression atmosphérique. Il était conscient du conglomérat de bruits dans ses écouteurs. Quelque part, un homme criait. Il y avait eu des hommes qui criaient pendant la dernière minute complète, mais ce n'est que maintenant que les sons commençaient à s'enregistrer dans son cerveau tendu.

"Où est donc Zetterman ?"

"Je ne sais pas, avec le gars qu'on nous a envoyé, je suppose . Oh mon Dieu."

"Alors il est à moins de vingt pieds d'une écluse s'il est encore en vie. Mais il ne nous a pas répondu. Alors que veux-tu faire ? Nous sommes tout ce qui reste et ils sont presque à côté."

"Ils nous attraperaient d'une manière ou d'une autre. Si seulement nous pouvions passer derrière cette écluse à bâbord, loin d' eux ..."

Jon a laissé les mots prendre un sens. Côté bâbord. Vingt pieds plus loin — LÀ !

En quelques secondes, le port intérieur fut ouvert, puis il attendait celui extérieur, sans même prendre la peine de déverrouiller le verrou. Il serait un peu époustouflé, mais un bon départ aiderait. Il voulait communiquer avec les hommes qu'il avait entendu parler, découvrir ce que signifiaient les chiffres prononcés par le mort Zetterman , mais les Tinkers surveilleraient tout, et ils ramasseraient même un casque placé à cette distance.

La serrure extérieure s'ouvrit lentement, et le peu de pression qu'il y avait encore dans la serrure le maintint doucement contre l'ouverture qui s'élargissait tandis qu'elle se dissipait entièrement avec un faible hurlement dans l'infini noir de l'espace. Il est sorti, et c'était comme sortir d'un flanc de montagne invisible dans une nuit trop sombre, avec des étoiles qui semblaient trop proches . Seulement, c'est fou, tu n'es pas tombé—

Il dérivait sur le léger élan que lui avait donné la pression de l'air épuisé dans l'écluse, le scintillement révélateur de son bloc d'alimentation si près de l'énorme forme grise qui se profilait à moins de cent mètres de l'autre côté du navire brisé qu'il quittait le ferait. signifier sa fin. Il réfléchit à toute vitesse. Bien sûr, leurs écrans le détecteraient, mais il pariait qu'il serait considéré comme un simple morceau d'épave de plus brisé par les canons Tinker.

Jupiter se dressait immense, fantastiquement, légèrement au-dessus de lui. Bientôt, sa dérive se transformerait en chute libre, mais il devra attendre le dernier moment possible pour utiliser le pack. Mais s'il attendait trop longtemps...

Il serra les dents jusqu'à ce qu'elles lui fassent mal, tendit ses bras sur le côté, ses mains éloignées des commandes du sac. Les bandes multicolores de la grande planète étaient alternativement sombres et lumineuses, ondulant lentement, comme prêtes à le saisir, à le dévorer, à le geler. La masse gargantuesque semblait à quelques mètres plutôt qu'à un million de kilomètres. Pourtant, c'était trop près et cela se rapprochait lentement de lui.

Il tourna son corps, essaya d'observer le vaisseau Tinker. Elle s'était refermée sur l'épave fracassée à laquelle il s'était échappé, s'y était accroché. Un port s'ouvrit et une pointe de lumière ardente sortit de la gueule sombre. Embarquement en costume. Mais il n'y avait pas d'éclair orange-violet provenant des gaz d'échappement d'un astronaute , alors peut-être qu'il était passé inaperçu.

Mais il devait encore dériver et il savait maintenant qu'il avait commencé à tomber. Très légèrement, mais il se dirigeait droit vers la grande masse de Jupiter, et sa direction initiale avait été presque tangente à son orbite. L'orbe massif semblait encore plus aplati au niveau de ses pôles que d'habitude, et ses satellites tournaient de manière erratique, à cause, il le savait, de la panne de Geejay qui avait ébranlé tout le système.

Pourtant, même pendant qu'il observait, et aussi lentement qu'elles se balançaient, l'œil et l'esprit exercés de Jon Kane détectèrent des mouvements rétrogrades et se rendirent compte que les minuscules lunes retombaient lentement sur ce qu'il savait être approximativement leurs anciennes orbites. Les Tinkers réussissaient d'une manière ou d'une autre.

Mais le costume commençait à refroidir. Son isolation était étonnamment efficace, mais il ne s'agissait encore que d'une fonction d'urgence de la plate-forme, destinée à maintenir un homme en vie pendant une courte période en cas de panne de chauffage. Et utiliser le radiateur impliquait des radiations, mais il allait devoir prendre le risque maintenant. Et bientôt, le pack lui-même. Mais cela ne servirait à rien s'il errait sans but, et c'est là, il devait parier, que les nombres entraient en jeu. Avec les combinaisons de trois lettres, ils pourraient être des coordonnées sphériques. Pour sa vie, il faudrait qu'ils le soient.

69-X. .01-Y. 86-Z. Avec des plans de référence calculés au plan médian des écliptiques planétaires par rapport au Soleil. Alors.

Rapidement, son cerveau analysa les valeurs, lui donna une approximation. Et ce serait un point important...

Et là où il regardait, il n'y avait que du noir. Bien sûr, c'était ce foutu facteur temps qui manquait. Mais Zetterman ne lui aurait pas donné de chiffres pour hier ou le mois prochain. Il faudrait qu'il s'agisse de chiffres pour l'instant, ou pour l'heure prévue d'arrivée à destination, mais où ? Jusqu'à quel point? Près de Jupiter ? Les satellites ? L'un d'eux? Cela rendrait le facteur temps proche de zéro. Et-

Bien sûr! Les chiffres ne seraient plus totalement valables ; la marge d'erreur serait large après le déséquilibre gravitationnel qui commençait tout juste à se corriger ! S'il avait parcouru plusieurs centaines de milliers de kilomètres de chaque côté de son point d'estime.

Et voilà ! Callisto . Il était presque à cheval sur son orbite, et comme il était plus proche de son point estimé que n'importe quel autre, ce devait être la destination la plus probable.

Si, bien sûr, il avait raison sur le facteur temps. Si les coordonnées faisaient référence à l'emplacement des corps à proximité immédiate du navire au moment de l'attaque.

Il était engourdi par le froid, et attendre plus longtemps avec son bloc d'alimentation signifierait se retrouver pris au piège dans l'horrible champ de gravité de Jove avant de pouvoir prendre la direction nécessaire à l'angle droit et mettre le cap sur le planétoïde stérile.

Ses bras lui faisaient mal lorsqu'il les remontait à l'intérieur de sa combinaison, et ses doigts étaient des objets maladroits et insensés cherchant à tâtons les interrupteurs d'alimentation et de chaleur.

Puis il les a trouvés. En quelques instants, il y eut de la chaleur, puis le satellite gris vers lequel il se dirigea commença à s'agrandir à chaque seconde qui passait.

Le cercle irrégulier de la plaine était ininterrompu presque aussi loin qu'il pouvait le voir dans la faible lumière réfléchie par le satellite principal, à l'exception de récentes fissures à sa surface qui avaient été causées par des tremblements de terre déchirants lors de la panne du Geejay , et des marques occasionnelles. laissés par les morceaux errants d'épaves cosmiques qui avaient été pris au piège par la gravité étonnamment légère du Callistan . La plaine sur laquelle il avait atterri était entourée de chaînes de montagnes basses qui ressemblaient à des dents de dragon géantes prêtes à l'empaler à tout moment. Et Jupiter lui-même avait l'air étrangement incliné avec ses bandes atmosphériques désormais fortement inclinées par rapport à l'horizontale. Sa lumière pâle projetait des ombres étranges sur la plaine ; a fait des fissures à sa surface et des cratères miniatures trompeusement grands et petits.

Et il n'y avait aucun signe d'habitation humaine, aucune structure artificielle ne brillait sur l'horizon sombre, et cela signifiait qu'il devrait gaspiller un précieux carburant, en fonçant à grands pas sur la surface non négligeable de la lune, en regardant. Il ne savait même pas exactement pourquoi.

Si Zetterman avait eu l'intention de lui faire trouver celui-ci parmi onze satellites, alors pourquoi n'avait-il pas inclus les coordonnées de latitude et de longitude sur la grille ? Ou était-ce que l'homme était sur le point de le faire lorsque la mort est intervenue ?

À moins que... n'importe quelle installation artificielle existant sur la planète puisse être localisée avec les mêmes coordonnées ! Ce serait ingénieux....

Rapidement, Jon a imaginé une grille de système tridimensionnelle standard dans son esprit ; l'appliqua au satellite sur lequel il se tenait, en substituant son axe nord-sud apparent écliptique et ses axes équatoriaux X et Y apparents solaires aux axes Z, X et Y de la sphère céleste standard. En appliquant les coordonnées de Zetterman , sa direction serait donc généralement nord-nord-ouest, jusqu'à un point situé sous la surface du satellite !

Pendant un instant, cette pensée replongea son esprit dans la confusion, puis il réalisa que par la méthode sphérique standard de détermination de points, ses chances auraient été d'une sur une infinité théorique d'arriver à un point exactement sur la surface du planétoïde.

L'installation était donc souterraine, ce qui était logique, mais ce qui rendait les choses d'autant plus difficiles. À moins, bien sûr, qu'il y ait une légère indication superficielle. Mon Dieu, si seulement Zetterman avait vécu un instant de plus.

Avec une prière murmurée selon laquelle ses déductions et ses calculs à l'estime étaient bien plus que de vaines rationalisations du désespoir, Jon actionna les boutons de puissance de son sac de combinaison et sauta légèrement à travers la surface hostile du planétoïde. Il faudrait bien sûr qu'il ait raison. Car il ne restait qu'une quantité limitée d'oxygène dans ses réservoirs, et son pouvoir ne durerait certainement pas éternellement.

Il suivait sa position de la manière la plus primitive que l'homme connaisse ; l'orbe qu'était le Soleil. Et mentalement, il a superposé cet orbe à la grille tri-di qui semblait maintenant être gravée de manière impérissable sur son cerveau, permettant simultanément un différentiel de vitesse orbitale et une parallaxe solaire.

Il retomba doucement sur le terrain volcanique du planétoïde pour la dernière fois et savait que l'endroit qu'il cherchait, s'il existait, se trouvait désormais à quelques mètres de lui. Le puissant Jupiter était maintenant au zénith, mais même dans son éclairage ondulant et directement reflété, il était plus difficile à voir qu'auparavant, et chaque étape était une expérience. De la pierre ponce éclaboussait ses bottes spatiales , une matière d'apparence solide qui ne pouvait être qu'une couche mouvante pour une fissure sans fond ou une crevasse béante. Et au-dessus de lui et jusqu'à l'horizon, de tous côtés, des étoiles brillaient d'un air moqueur, froidement dans l'obscurité, comme pour lui rappeler qu'un homme ne pouvait pas vivre éternellement.

Il commença à marcher en cercles de plus en plus larges. Quelque chose se montrerait.

VIII

Deanne n'était jamais certaine si sa décision avait été entièrement le produit de son propre esprit, bouillonnant comme elle l'avait été du terrible conflit entre l'apprentissage de sa vie et ce qu'elle savait être juste, ou si elle avait été prise pour elle par le tintement d'un bruit sourd. l'interphone d'alarme du navire dans ses quartiers.

Elle avait eu de la chance. Elle avait réussi à revenir sans être détectée après avoir violé son arrestation ; Le retour de son point d'observation au sommet de la salle de conférence s'était déroulé aussi sans incident que sa fuite furtive à travers le labyrinthe des passerelles jusqu'à celle-ci, et une fois de retour en sécurité dans ses quartiers, elle avait essayé de se reposer, de mettre de l'ordre dans son esprit et de réfléchir.

Son oncle, le directeur de Gentech lui-même, avait été battu par B- Haaq , et B- Haaq n'était pas homme à laisser gaspiller un avantage. Ce ne serait plus qu'une question de temps, désormais. Ce n'était qu'une question de temps, et le Majtech donnerait les ordres, et son propre sort serait entre ses mains. Il fallait qu'elle décide. Rester et essayer d'aider un vieil homme chancelant ou faire une tentative pure et simple de s'échapper comme Kane l'avait fait, et ensuite le retrouver d'une manière ou d'une autre ! Car Kane avait raison ! Oh, oui, Kane avait raison. Car le pouvoir n'est pas une fin en soi, et en dernière analyse, la fin ne justifie pas les moyens ! L'ITA, vrai ou faux... non ! L'ITA était fausse !

L'alarme retentit, puis l'orateur poussa un cri rauque.

"Attention à tous les officiers et techniciens ! Gérez vos postes de combat ! Un vaisseau spatial non identifié se trouve à neuf virgule trois points de l'écliptique tribord moins douze oh trois à trois cent mille et nous sommes en révision. La présence du fugitif Kane à bord est une forte probabilité, donc l'ordre est de tirer. " _ _

Deanne a réduit le communicateur au silence avec une force qui a presque arraché la bascule de son support. Les imbéciles ! Les ennemis avaient toujours été détruits dans le passé, et maintenant cet ennemi devait être détruit ! Indépendamment du fait qu'ils ne retrouveraient jamais Kane, vivant ou non, si tous les navires à bord desquels il pourrait se trouver étaient réduits en miettes !

En quelques instants, les couloirs et les passerelles seraient animés de Cadtechs , d'officiers et de labortechs , se précipitant pêle-mêle vers des postes de combat à moitié oubliés , essayant désespérément de se rappeler précisément comment fonctionnait le long canon silencieux du vaisseau amiral. Il n'y aurait pas d'yeux pour une silhouette informe adaptée à l'espace.

Elle attendit avec tension que la clameur à l'extérieur de sa cabine soit à son paroxysme, puis ouvrit rapidement l'étroite trappe de cloison, la traversa et pénétra dans le chaos grouillant d'hommes et de femmes, et se laissa entraîner vers les casiers à costumes et la banque ou l'écluse. ports à proximité.

Les lumières du couloir brillaient désormais, et les visages blancs qui se balançaient sous elles étaient tendus. Deanne a trouvé un costume et l'a enfilé alors même que le premier canon spatial de l'engin était tiré. Le pont frémit sous ses pieds, et il fut presque déséquilibré par un trio de guntechs qui n'avaient pas encore trouvé leur poste. Mais il y avait plus d'ordre désormais, et elle allait devoir se dépêcher. L'autre navire devait être proche, car les canons avaient déjà commencé à tirer des barrages, et cela n'était fait que lorsque la cible était en vue à l'œil nu.

Rapidement, elle se glissa dans un sas, s'aplatit contre une cloison étroite tandis que son orifice intérieur se fermait et resta immobile tandis que ses pompes automatiques descendaient jusqu'à zéro pression. Maintenant, elle attendrait, veillerait et prierait pour que personne ne regarde dans la serrure en passant. C'était un pari fou, et si Jon n'était pas à bord...

Elle observa l'étoile parsemée de noirceur, plissa les paupières pour se protéger de l'horrible éclat à chaque fois qu'une batterie tirait, et il y eut soudain un petit pincement dans sa gorge alors que le limn du puissant Jupiter se balançait majestueusement dans son champ de vision. Quelque part, là-bas, dans cet affreux infini – là-bas !

La glace semblait se former en boule en elle. Le vaisseau extraterrestre était une cible parfaite, se découpant sur l'énorme disque brillant de Jupiter ! *Et c'était la rupture !*

De grandes rafales de feu jaillissaient de ses carters de moteur, des fragments fondus de métal déchiqueté brillaient alors qu'ils tournoyaient follement dans de grandes pluies de flammes chauffées à blanc, et elle pouvait sentir l'horrible vibration des canons du vaisseau amiral alors qu'ils continuaient de tirer sans pitié sur la cible. .

Un petit point de feu.

Elle l'a vu, et dans l'holocauste brûlant, cela n'a pas été immédiatement enregistré dans son cerveau chancelant.

Un petit point de feu bleu-blanc qui n'avait pas émané de l'extraterrestre frappé, mais était soudainement apparu pendant une simple fraction de seconde à une distance considérable de lui ! Un pack costume !

Avec la prière silencieuse sur ses lèvres pour que cela ait échappé aux yeux des autres, Deanne a déclenché l'ouverture du port de verrouillage extérieur et s'est lancée dans l'espace.

D'une manière ou d'une autre , elle savait que cet homme était Jon Kane, même si elle savait qu'elle l'avait trouvé trop tard. Elle se tenait debout, enracinée sur place, dans l'ombre profonde du rocher déchiqueté sous lequel elle avait atterri, incapable même de l'avertir de l'homme qui était soudainement apparu derrière lui. Un homme avec une arme dans une main, pointé directement dans le dos du Cadtech ! Utiliser sa radio à une telle distance signifierait une puissance de sortie qui ferait tomber un vaisseau spatial sur elle en quelques minutes.

Impuissante, elle observait. J'ai regardé l'autre toucher Jon avec son arme, le forcer à franchir le bord d'un large cratère...

"Non-!"

Son cri étouffé l'assourdit presque à l'intérieur de son casque.

Puis elle vit que l'autre suivait la lèvre et réalisa que leur destination se trouvait quelque part à l'intérieur de la dépression elle-même.

Pendant de longs moments de silence, elle resta debout, dans une frustration exaspérante, à regarder les deux hommes disparaître dans le cratère, aussi impuissante à agir qu'elle l'avait été à avertir. Elle ne pouvait plus revenir en arrière, ni aller plus loin.

IX

Les parois du cratère avaient été modérément magnétisées avec une fine couche de spray métallique, et Kane marchait devant son ravisseur sur leur pente avec plus de facilité qu'il n'avait été capable de franchir la surface naturelle du planétoïde. Il hésita alors que le fond du cratère commençait soudainement à s'ouvrir lentement, et il y eut à nouveau une impulsion dans son dos.

"Continuez à avancer, monsieur. Il y a une échelle, et vous êtes le premier !"

Kane bougea avec précaution, regarda par-dessus le rebord lisse du puits maintenant complètement ouvert. L'échelle était une mince affaire tubulaire avec des barreaux étroits. Il tomba à genoux, balança une jambe ; tenu avec ses coudes, tâtonnant avec l'autre pied jusqu'à l'échelon inférieur suivant. Puis j'ai palpé d'une main, j'ai trouvé l'échelon supérieur et j'ai commencé à descendre.

"Je ne peux pas te couvrir en descendant", dit l'homme au-dessus de lui. "Mais j'ai une nouvelle réserve d'oxygène, et je ne pense pas que vous en ayez. Et j'ai les deux pistolets !"

Le puits se referma silencieusement au-dessus d'eux, puis il y eut une illumination soudaine, et Jon cligna des yeux après la pénombre du monde sombre extérieur. Les plis de sa combinaison commençaient à se relâcher, et il savait que la tige devait également fonctionner comme un sas, et augmentait la pression à mesure qu'ils descendaient.

Lorsqu'ils atteignirent enfin le fond, son ravisseur lui fit signe avec une arme de poing.

"Enlevez votre costume. Il reste avec moi. Que vous le récupériez ou non, cela dépend de vous. Bougez !"

Jon tâtonna avec des chiens et des boucles placés de manière inhabituelle, puis abandonna la combinaison et prit de grandes inspirations d'air.

"Où maintenant?" Mais l'autre ne pouvait pas entendre. Son casque était toujours en place et Jon savait que celui qui le voulait ne prenait pas plus de risques que nécessaire. Mais comme pour répondre à sa question, un panneau concave dans la paroi du puits s'ouvrit soudainement, et l'homme trapu qui y entra le couvrit presque nonchalamment d'une étrange arme à deux mains. Il fit signe à l'autre, puis regarda Jon comme s'il le remarquait pour la première fois.

Il s'écarta, désigna le panneau ouvert avec le vilain museau du pistolet qu'il portait. "Après vous, monsieur. Et avancez. Vous avez fait attendre un peu le patron !"

Les deux hommes avaient parlé dans la langue de Terra, mais cela semblait étrangement déformé à Jon. Il connaissait la langue presque toute sa vie, mais son père lui avait appris les mots tels qu'ils étaient prononcés dans une partie de la planète qui s'appelait autrefois Vermont, et il remarqua une étrange différence dans le discours de l'autre. Il se demanda paresseusement si l'un d'entre eux parlait l'Universel. Mais au moins, maintenant, il savait qui ils étaient. Solmen de la Terre, qui avait appris d'une manière ou d'une autre à construire des vaisseaux spatiaux et des armes ; qui avait échappé d'une manière ou d'une autre à l'œil vigilant des espions Tinkers de la Terre. Mais il ne ressentit pas la surprise à laquelle il s'attendait. Il y avait des légendes sur les hommes de la Terre.

Les pas lourds de l'homme trapu et fortement musclé derrière lui résonnaient sourdement dans l'étroit couloir. Le passage s'incurvait doucement, descendait en pente, puis se terminait brusquement.

"Tournez à droite."

Il l'a fait, et un panneau similaire au premier s'ouvrait pour lui. Il l'a traversé et son deuxième ravisseur l'a suivi.

"D'accord, attends."

Ils se trouvaient dans une pièce compacte et elle n'était pas vide. Il y avait une dizaine d'hommes à l'intérieur, estima Jon au premier coup d'œil, tous vêtus de la même manière, avec la combinaison en similicuir vert que portaient ses ravisseurs, et dépourvus de tout insigne de grade. Ils levèrent les yeux de leur place autour de la table de conférence jonchée de papiers, et un grand homme à sa tête se leva à moitié de sa chaise.

" Haine ! Je croyais te l'avoir dit... oh, c'est ça l'homme ? "

"Darwin soit avec nous, monsieur, c'est vrai."

Le visage du grand homme changea rapidement d'expression. Il reprit sa place, et soudain la pièce fut silencieuse, et d'autres se tournèrent sur leurs chaises, fixant Jon des yeux. Le grand homme ne lui fit pas signe de s'asseoir sur l'une des chaises vides, mais lui parla comme s'il avait été arrêté.

"Vous êtes Kane ? Le Tinkerman arrêté sur Titan ?"

"Je le suis," répondit Jon, essayant de garder une forte confiance en lui dans sa voix. "Mais je ne—"

"Répondez simplement à mes questions, Maître Kane. Je m'appelle Stine— Martin Stine. Sur Terre, je suis sénateur. Mes hommes vous ont sorti du cachot sur Titan. Apparemment, vous et la Bricolière leur avez échappé par la suite—"

"Je ne sais pas ce qui est arrivé au Lenantech , mais moi, j'aurais essayé !" » dit Jon, légèrement irrité par le ton suffisant de la voix de l'homme. " Apparemment, vous n'avez pas entendu parler de ce qui est arrivé au navire que vous avez envoyé pour me chercher. Vous ne le reverrez plus. Et la seule raison pour laquelle je suis ici est que j'ai choisi de venir, en suivant les instructions de l'un de vos des hommes qui mouraient. »

<hr>

Le sénateur jeta un rapide coup d'œil aux hommes qui l'entouraient. Puis : "Tu pourras me raconter cette partie de l'histoire plus tard, Kane. Je comprends que tu es en quelque sorte un… renégat Tinkerman , n'est-ce pas ?"

"C'est vrai, mais comment as-tu appris—"

"Mon organisation compte de nombreux hommes dans de nombreux endroits. Je comprends que vous êtes un technicien plutôt hors du commun, Kane, et qu'en ce moment l'ITA s'en prend à vous. J'ai donc une proposition à vous faire. Nous pouvons utiliser techniciens." Stine était désormais adossé au dossier de sa chaise, détendu, sûr de lui. Les autres n'avaient pas l'air aussi détendus, et pour Jon, ils semblaient loin d'être aussi sûrs.

"Tout d'abord, je veux savoir qui vous êtes", a déclaré Jon, parlant le dialecte Terra de Stine du mieux qu'il pouvait. "La Terre n'est pas une planète différente des autres."

"J'ai dit que je poserais les questions, Kane ! Mais pour ton information, cette organisation est composée d'hommes comme toi. Je suppose que tu as acquis tes compétences technologiques en obtenant certains livres pour toi-même ; des livres que les Bricoleurs ont ordonné de détruire, et ne les ont plus eux-mêmes. Eh bien, votre cas n'est pas tout à fait unique. La différence est que vous avez été piégés dans la sélection pour la formation par l'ITA. Mes hommes ne l'étaient pas. Nous sommes, dans la mesure où nous sommes libres, dans une meilleure position. que vous ne l'êtes pour enfreindre l'ITA. Et vous n'espériez certainement pas faire le travail à vous seul.

« Briser l'ITA ? » » a demandé Jon. Il ressentit une étrange note de discorde. Ces hommes ne se cachaient pas. Pas seulement se cacher.

"Pourquoi bien sûr." Le grand homme bougea sur son siège et jeta de nouveau un coup d'œil aux autres. Leurs yeux étaient toujours fixés sur Jon comme s'ils n'avaient jamais vu de Tinkerman auparavant. "Ils ne sont peut-être pas des dictateurs au vrai sens du terme, mais ils exercent un pouvoir politique énorme sur plus d'une centaine de planètes, Kane. Vous le savez. Ils n'ont qu'à refuser à une planète ses visites de service programmées , et l'économie et La civilisation de cette planète est soudainement confrontée à l'effondrement. En fin de compte, une telle configuration signifiera de toute façon la ruine. Un jour, il y aura forcément une rébellion, et pas sur une seule planète, mais sur plusieurs. Cela libérera les hommes de la ITA peut-être, mais cela signifiera aussi une régression rapide ; la civilisation, en raison de sa complexité, régressera plus rapidement que les hommes ne pourront récupérer ce que les guerres ont détruit, ou réapprendre ce que les Bricoleurs leur ont caché.

"Cela aurait pu fonctionner si l'ITA n'était pas devenu bâclé. Mais il ne peut même plus réaliser un projet AA décent ! Il met en péril la vie de deux galaxies, mais refuse de donner aux hommes les connaissances nécessaires pour se protéger ! Par conséquent, nous allons détruisez les Tinkers, Kane. Notre machine de propagande prend de l'ampleur chaque jour, et cette panne la plus récente de Geejay dans le système Sol est de l'eau pour notre moulin. Nos réalisations techniques s'améliorent de jour en jour malgré le fait qu'elles ont été réalisées dans le handicap du plus grand secret. sur une longue période d'années extrêmement difficiles.

"Quand j'ai appris votre captivité par téléporteur de Titan et qu'on m'a parlé de vous et de la femme et qu'on m'a demandé si je vous voulais, j'ai dit oui. Je vous ai épargné, Kane, et je me suis donné beaucoup de mal pour vous obtenir, parce que vous connaissez les Tinkers comme nous ne pourrions jamais espérer les connaître. Et, plus important encore, vous pouvez gérer la technologie bien mieux que nous ou qu'eux. Est-ce vrai ?

Jon hésita, regarda les visages tournés vers lui, vit la froide amertume dans leurs yeux.

"Je peux faire un double A pendant cinq cents ans."

"Tout comme nous le pensions. Tu es dangereux pour eux, Kane, parce que pour une raison quelconque, tu en sais plus qu'eux. Les gens commenceraient à se tourner vers toi, plutôt que vers eux, pour leurs besoins, et ils ont peur de toi. " Vous allez bavarder tout ce que vous savez, ruinant leur emprise. Eh bien, c'est juste la chance que nous voulons vous donner. Aidez-nous, et plus tard, vous pourrez nommer votre propre prix. Retournez chez les bricoleurs, et vous tu es un homme mort."

La pièce redevint silencieuse, mais leurs yeux étaient toujours rivés sur lui. Il essaya de réfléchir, essaya d'évaluer ce que le grand homme avait dit. Tout semblait pourtant si logique… et pourtant, quelque chose n'allait pas. Il y avait quelque chose qu'ils ne comprenaient pas. Ou, peut-être, trop bien compris.

"Je—je suis d'accord avec toi sur l'énorme pouvoir qu'ils exercent," dit lentement Jon, "mais tu as tort de les détruire. C'est vrai qu'ils ne sont plus les techniciens qu'ils étaient autrefois. Ils ont pollué la logique avec des croyances et des faits historiques. avec la légende ; ils savent *comment* , mais ils ne savent pas *pourquoi* , et cela affecte leur savoir-faire, si vous voyez ce que je veux dire. Ils utilisent de plus en plus la croyance et raisonnent de moins en moins... "

Stine hocha la tête. "Précisément. Si la connaissance n'a pas la possibilité de croître, elle se détériore et ne constitue finalement que des pseudo-vérités à moitié comprises. Par conséquent , je ne vois pas—"

"Si vous les détruisez", interrompit Jon, "vous supprimez soudainement le dernier siège reconnu de connaissances techniques qui existe dans nos deux galaxies. Reconnu, vous comprenez. Et cela signifierait un véritable chaos, Sénateur. Les gens seraient tellement effrayés et impuissants à l'idée d'être impuissants à l'idée de redevenir sauvages encore plus rapidement que de la manière dont vous l'avez décrit. Ils paniqueraient à coup sûr - une panique comme on n'en a pas connu depuis les guerres elles-mêmes. Jon laissa la phrase s'éterniser, se demandant à moitié pourquoi il défendait soudainement un système qu'il détestait, défendant une philosophie réactionnaire de l'existence qui rabougrissait l'esprit des hommes à chaque instant. Car Stine avait au moins à moitié raison : les Tinkers menaçaient l'essence même de la liberté intellectuelle. Mais en même temps, il savait que les détruire équivaudrait à causer un préjudice encore plus grave.

C'était comme si les autres autour de la table et l'homme qui était son ravisseur n'existaient plus, maintenant. C'était devenu un drame calme et tendu entre deux esprits, et Jon savait qu'il n'avait pas été amené ici pour réfléchir à la place de Stine.

"Tu sais, Kane," disait alors Stine, sa voix soudain douce et douce, son grand visage se détendant en un sourire étudié, "ils se sont accrochés à toi plus profondément que je ne le pensais. Tu es toujours à moitié bricoleur. , n'est-ce pas ?"

"Mais je ne parle pas de loyauté ! Seulement de logique..." Le grand homme agita une main charnue d'un air dépréciatif, l'interrompit facilement.

"Maître Kane, les Space Tinkers doivent être forcés d'abandonner leurs livres et leurs cartes. Ils doivent être forcés d'abandonner cette emprise semi-intellectuelle et semi-religieuse qu'ils ont sur plus d'une centaine de planètes ; leur monopole, en bref, doit être brisé. !" Un énorme poing s'abattit avec insistance sur le dessus de table jonché de déchets. « Mon organisation a travaillé longtemps et durement et a préservé ses secrets au péril de sa vie ! Nous avons les navires, nous avons les armes – certaines meilleures, croyons-nous, que celles de l'ITA – et nous avons les hommes ! monsieur, êtes soit avec nous, soit contre nous ! » Son visage était devenu fleuri, et Jon savait maintenant que Stine jouait pour faire de l'effet sur les autres ; Il comprit soudain que sa propre logique était juste et qu'elle était à nouveau reconnue comme une menace, même si B- Haaq l'avait reconnu. Une menace pour le pouvoir personnel !

Et soudain, les mots sortaient en torrents brûlants de ses propres lèvres. "Le secret ! C'est tout ce à quoi vous et l'ITA pouvez penser ! Quoi que vous sachiez ou appreniez, cela doit être caché aux autres ! Oui, même si vous parlez de briser le monopole de la connaissance et du pouvoir de l'ITA, vous cherchez à former un identique vous-même ! Ne comprenez-vous pas que là où règne le secret, la paix et le progrès ne peuvent exister ? Ne comprenez-vous pas que dans le domaine de la science et de la technologie, il n'y a pas de secrets ? Les faits naturels sont partout dans la Création, Sénateur. ! Vous ne pouvez pas les cacher ! Pendant un certain temps , vous pouvez aveugler les gens, mais ils ne peuvent pas être cachés, ils sont destinés à chacun de les voir et de les utiliser comme bon lui semble, quel que soit son camp ! Les Bricoleurs ont gardé les gens aveugles à eux pendant quelques années, mais c'est devenu de plus en plus difficile ; et ils apprennent à leurs dépens que le pire pour garder un secret, c'est de l'oublier soi-même ! »

Le visage de Stine devenait blanc et tendu, et les autres jetaient des regards inquiets dans sa direction, mais il ne l'interrompit pas, et Jon continua, déchaînant tout le torrent de pensées qui tourmentaient son âme depuis si longtemps, si longtemps.

« Vous parlez de monopole, sénateur, mais vous en créez un vous-même ! Vous et votre organisation avez eu la chance, comme moi, d'avoir trouvé quelques-uns des vieux livres, d'avoir appris certaines des anciennes connaissances avec lesquelles l'armement pour les guerres a été construit, et contre lequel, une fois leur horreur terminée, les gens se sont rebellés partout. Ce sont eux qui ont brûlé les livres, sénateur ! Ce n'est pas l'ITA ! C'est eux qui voulaient en finir avec tout ce qui leur semblait responsable. pour le carnage auquel ils avaient survécu d'une manière ou d'une autre ! Ce sont eux, sur une centaine de planètes, qui, sans réfléchir, ont renversé leurs scientifiques, leurs techniciens ; les ont assassinés pour avoir possédé des connaissances dont ils avaient abusé ! Et les quelques techniciens qui ont échappé étaient amers et Ils ont réussi à sauver quelques-uns des vieux navires et à s'échapper. Et leur erreur naturelle était de supposer que s'ils ne voulaient pas subir ce que leurs compagnons assassinés avaient subi, ils devaient penser en termes d'utilisation de ce qu'eux seuls connaissaient comme un moyen de défense. arme contre ceux qui n'ont pas et ne seront pas autorisés à avoir cette connaissance !

"Mais - et écoutez-moi, messieurs ! - même comme l'a dit le sénateur, si on ne laisse pas la place au savoir pour se développer, il se détériore ! Et en gardant pour eux leurs secrets bien gardés , en les confiant uniquement à du personnel spécialement sélectionné et qu'ils ont recruté année après année, on a entraîné les planètes pour que leur organisation puisse croître plus rapidement en nombre, et en gardant ces « secrets » sacro-saints et incontestables , ils sont finalement devenus démodés, et finalement à moitié oubliés et frelatés avec des absurdités pompeuses ! faites de même, alors il vous arrivera la même chose !" Il s'arrêta rapidement pour reprendre son souffle, puis se lança tête baissée. "La solution n'est pas dans le combat et la bataille, car c'est ce qui a précipité toute cette situation stupide en premier lieu, comme cela se produira toujours. Je vous ai dit que je pouvais faire un double A qui durerait cinq cents ans, et je le peux ! Et je le ferai ! Et je vous montrerai comment le faire ! Mais seulement à la condition que votre machine de propagande en attribue tout le mérite aux Bricoleurs !"

"Maître Kane, ça suffit !"

"Je n'ai pas encore fini ! Ne voyez-vous pas l'effet qu'une telle décision aura ? Les Bricoleurs seront reconnaissants, tout d'abord, parce qu'ils sont dans une situation désespérée en ce moment. Deuxièmement, ils se rendront compte qu'il existe une meilleure solution. leurs connaissances et que cela peut être une chose bénéfique plutôt qu'une menace pour leur bien-être . À partir de ce moment-là, ils pourraient être convaincus que leurs « secrets » ne doivent plus être gardés, mais plutôt rendus à ceux-là mêmes qui une fois détruits dans la colère. Et troisièmement, les gens auront une nouvelle foi dans l'ITA et ses capacités; un nouveau respect pour les connaissances techniques qu'ils craignent et convoitent si dangereusement maintenant! De cette manière, messieurs, vous pourrez faire grimper à nouveau la civilisation. de telle manière que les Tinkers seront éliminés, mais de leur propre gré, car ils n'auront enfin plus à craindre et n'auront plus aucun objectif défensif à servir.

« À moins que… » et Jon fit une pause pour prendre une longue inspiration. « À moins que, sénateur, vous vouliez simplement le pouvoir dont jouissent désormais les bricoleurs, pour vous-même !

Stine le regarda longuement.

Et puis il sourit, mais il y avait Winter dans ses yeux.

"Nous faisons tous des erreurs", dit-il doucement. "Désolé. Haine ! Emmenez-le !"

X

Furtivement, Deanne se fraya un chemin d'ombre en ombre vers la dépression aux parois lisses, ses pieds touchant à peine la surface déchirée du planétoïde sous la légère gravité. À quelques mètres de là, elle s'approcha de son ventre, rampa jusqu'à la lèvre et regarda par-dessus.

Tous les muscles de son corps se tendirent lorsqu'elle vit la trappe cachée au fond du cratère se fermer sans bruit.

Comme elle l'avait pensé, la paroi du cratère était artificiellement magnétisée et, à moitié accroupie, accrochée à l'ombre la plus profonde projetée par la boule grotesque de Jupiter au-dessus d'elle, elle se fraya un chemin vers le bas. Elle atteignit l'endroit où l'écoutille camouflée s'était fermée et, de nouveau couchée, attendit.

Il ne restait que quelques secondes avant que la plaque ronde de métal ne commence à s'ouvrir ! Elle se tendit et, alors que son casque touchait le sol, elle entendit le bruit de pas lourds grimpant vers le haut, faisant le bruit creux et résonant des bottes spatiales sur les barreaux métalliques de l'échelle.

Un casque spatial se dressa soudain au-dessus de l'ouverture, et pendant une seconde figée, elle put voir le visage de l'homme. Ce n'était pas celui de Jon ! Il y avait un air de surprise stupéfaite pour ce moment intemporel, et Deanne savait même en bougeant que c'était cet espace entre deux secondes ou jamais du tout.

De toute la force de son corps, elle balança sa jambe droite, balança le gros orteil de sa botte spatiale directement sur le visage de l'homme !

Il essaya en vain d'esquiver, de se mettre en sécurité. Si Deanne avait attendu un battement de cœur de plus, elle l'aurait raté. Elle ressentit le terrible impact lorsque sa botte heurta carrément, brisa le mince verre en plastique du casque, le traversa pour heurter la chair et les os.

Instinctivement, ses yeux se fermèrent alors que l'homme à l'intérieur de la combinaison déchirée explosait virtuellement.

Mais elle n'avait pas le temps de réfléchir à ce qu'elle avait fait, de se demander s'il s'agissait d'un meurtre ou d'un devoir de guerre : l'homme était mort. Moitié dedans, moitié hors de l'écoutille béante, affalé comme une marionnette sanglante, ses armes toujours dans leurs étuis à ses côtés. Elle les a pris. Et même dans la légère gravité de Callisto , il lui fallut presque toute la force qu'elle pouvait rassembler et tout son courage pour tirer la chose molle qui avait été un homme jusqu'au bout du puits béant, puis la repousser encore et encore. loin d'elle, loin de la trappe qui avait déjà commencé à s'abaisser automatiquement.

Elle se tortilla rapidement en dessous, trouva les barreaux de l'échelle avec ses bottes, puis s'accrocha à la fine échelle dans l'obscurité soudaine sans bouger, ses muscles tremblant au bord de la panique. Mal juger maintenant, c'était tomber hideusement à travers les ténèbres vers une destruction certaine, Dieu seul savait à quel point il était abyssal.

Puis, d'une manière ou d'une autre, elle s'est renforcée. A fait bouger ses jambes mécaniquement; J'ai trouvé l'échelon suivant ci-dessous. Et puis le suivant et le suivant.

La cécité rouge de l'épuisement sous l'éclat des soleils du désert envahissait son cerveau engourdi dans un sombre ressac de douleur, et avec elle toutes les tortures passées des palissades de Prokyman et la défaite désespérée qui s'était trouvée en marge de chaque mouvement de sa vie. ; Jon Kane ne pouvait pas voir et n'entendait que des sons étrangement déformés car il était, s'il n'était pas encore mort, du moins proche de la mort, et seulement à cause d'une réaction neuronale anormale, pas tout à fait au-delà du seuil de conscience. Mais il n'avait pas parlé. Et maintenant, ce pouvoir lui était complètement perdu.

Mais il pouvait encore, d'une manière ou d'une autre, sentir la présence animale de ses tortionnaires, étroitement serrés autour de lui, dans la minuscule et criante cabine d'acier poli ; il y avait une nouvelle douleur dans son visage brisé, et il savait que c'était le spray glacial de dioxyde de carbone conçu pour le ramener à la pleine conscience. Mais maintenant, ce n'était plus qu'une nouvelle douleur.

Il y avait la voix de Haine .

"Dépêchez-vous, faites-le venir. S'il encaisse avant que nous obtenions quoi que ce soit de lui, Stine va faire sauter la connexion. C'est un homme qui déteste perdre sur un investissement."

"Je n'ai pas investi beaucoup. Je n'ai pas pris grand risque non plus, à mon avis. À quoi d'autre servait ce char en panne de toute façon ? Je dis de tuer le..."

"Amène-le et tais-toi."

Encore une douleur glaciale. Mais l'obscurité tenait.

De nouveaux sons. Stine.

"Qu'as-tu essayé de faire, le tuer sur le coup ? Combien as-tu obtenu ?"

"Rien encore, monsieur. C'est soit l'homme le plus fou de l'univers, soit le plus dur. Ou alors il ne sait rien."

"C'est absurde ! Les choses que cet homme sait peuvent tous nous mettre dans l'ombre, et ne l'oubliez pas ! Mais si nous ne découvrons pas exactement ce que son peuple sait encore - ou ne sait pas - ce sera votre cou ainsi que le mien ! Ils se rendent compte qu'il y a quelqu'un d'autre qu'eux dans l'Espace, maintenant.

L'obscurité semblait se dissiper un peu ; l'engourdissement semblait fondre dans son cerveau et la douleur devenait plus atrocement aiguë.

"Nous allons réessayer, monsieur—"

" Peu importe. Il y a une meilleure utilité pour cet homme que de le tuer à quelques centimètres. Peut-être qu'il accorde peu de valeur à sa propre vie, mais quand il s'agit de celle de quelques milliards de personnes. Oui. Haine , pensez-vous que vous pourriez détruire un Bon sang ?"

"Détruire un—" Il y eut le bruit de la respiration rauque d'une demi-douzaine d'hommes, et Jon sentit quelque chose remuer en lui, mais c'était comme s'il était une chose déconnectée de son corps physique ; qu'il n'avait plus de pouvoir de décision à ce sujet. "... bien sûr, je suppose. Un double-A inversé ! Haw ! Où ?"

"Canis Major, système Proky , si c'est de là qu'il vient."

"Ne me ressemble pas à un Prokyman ."

"Peu importe. Pourriez-vous faire le travail pour que l'ITA ne puisse pas le réparer ? Et je veux dire PAS DU TOUT ?"

" Bon sang, monsieur, un de nos E-blasters ferait autant de choses... "

"J'ai le sentiment qu'un moyen très simple d'atteindre nos objectifs, Haine , serait d'utiliser nos E-blasters contre tous les vaisseaux que possède l'ITA - et que pensez-vous que cela nous laisserait ? Cet homme ici était" Ce n'est pas si faux, vous savez, quand il a souligné ce qui se passerait si l'ITA était soudainement détruite. Nous nous retrouverions avec un univers rempli de meemies hurlants. Nous serions au sommet, mais au-dessus du " La plus grande trappe à fous que vous ayez jamais vue ! Si nous voulons nous faire du bien, nous laissons l'ITA en un seul morceau. La seule différence est que nous leur disons quoi faire !"

« Ce n'est pas gentil de notre part d'entrer comme ça sans tirer une charge... »

"Je réfléchis ici, Johnson!"

"C'est un jeu d'enfant que tu ne fasses pas grand-chose du tournage ! Laisser les cerveaux sophistiqués, ici, te dire—"

Jon entendit le bruit soudain d'un craquement d'os contre un os ; il y eut un cri de douleur étouffé et le bruit d'un homme tombant lourdement. Puis Stine reprit la parole, doucement.

"Quelqu'un d'autre ici préfère les muscles à la puissance cérébrale ?"

« Monsieur... Johnson... vous... »

"Enterrez-le plus tard et écoutez-moi maintenant ! Je veux que le Gravity-Justifier de Procyon soit brisé pour que les Bricoleurs ne puissent rien faire avec - mais pour qu'il *puisse le faire* ! Comprenez-vous, Haine ?"

"Je peux le briser pour que *nous* ne puissions pas le reconstruire dans un million d'années."

"Vous serez responsables. Emmenons cet homme à bord du *Nouveau Monde* et soyons prêts à embarquer dans une heure. Nous allons avoir notre gâteau, messieurs, et le manger aussi ! À moins, bien sûr, que notre ami Kane, ici, pourra voir dix milliards de personnes mourir alors qu'un système planétaire entier se désagrège, et ne rien faire ! Très bien, allons-y !

Et puis il y eut le bruit d'un autre homme entrant dans la cabine déjà bondée.

" Sénateur Stine, monsieur ! Regardez ce que nous avons trouvé en descendant l'échelle ! Et d'humeur à tirer aussi ! J'aurai besoin d'une nouvelle plate-forme spatiale... "

"JON!"

"Eh bien ! L'ITA n'a pas perdu beaucoup de temps ! Elle a l'air un peu blanche, n'est-ce pas, Thurston ? Et elle semble connaître notre amie, ici ! Messieurs, je pense que les choses vont plutôt bien se passer... ".

Et c'est à ce moment-là que Jon Kane a retrouvé sa pleine conscience et sa pleine douleur.

Mais il gardait les yeux fermés et sa voix silencieuse.

Les écrans de visualisation de la salle NIC *du Nouveau Monde* reflétaient un kaléidoscope d'horreur comme aucun homme n'avait vu d'horreur auparavant, et comme seul un homme du siècle de Kane pouvait le comprendre. Pour l'observateur non initié d'une époque antérieure dont toute l'expérience de vie s'était déroulée dans les limites étroites d'une seule planète, les sphères doucement brillantes sur les écrans auraient semblé des choses lointaines ; intouchable et d'un intérêt purement spéculatif. L'intérêt a peut-être été légèrement accru par les fissures soudaines apparues à la surface des uns, ou par les masses océaniques particulièrement ondulantes qui semblaient déterminées à effacer les masses terrestres des autres.

Mais pour Jon, solidement enchaîné à un siège arrière comme Deanne à ses côtés, les écrans montraient une vague imminente de mort et de destruction à une échelle qui frôlait l'impensable.

Procyon I et II étaient déjà déchirés au bord de la rupture totale ; III, IV et V, en raison de leurs masses plus importantes, tremblaient à un rythme plus lent, mais les écrans en gros plan montraient que leurs plus grandes villes avaient déjà commencé à s'effondrer. Leurs rues étaient remplies de morts et de vivants, et les bouches béantes des visages paniqués étaient étrangement silencieuses.

Les six planètes extérieures n'avaient pas encore ressenti leurs premiers tremblements, mais elles avaient commencé à emprunter des trajectoires orbitales subtilement modifiées, et des continents entiers étaient anormalement baignés dans la lumière infernale de soleils jumeaux qui crachaient de grandes masses enflammées de leur substance vitale avec un bruit incontrôlé. abandonner dans le puits infini du vide.

Le plus grand écran montrait un disque large et très fin flottant avec une sérénité inhumaine dans l'obscurité, son plan plat légèrement incliné vers l'écliptique, sa surface grouillant de minuscules créatures ressemblant à des fourmis qui étaient des hommes. Au-dessus planait un objet scintillant en forme de crayon d'où sortaient d'autres hommes, leurs formes minuscules suivies de masses de forme irrégulière, en apesanteur sur les câbles de remorquage invisibles.

« Ils ne font pas grand-chose, n'est-ce pas, Kane ? »

Le grand homme se tenait au-dessus de lui, le visage costaud et fleuri mais fendu d'un sourire détendu et confiant. Jon rompit son long silence.

" Starn t'a dit qu'il se rendrait ! Pourquoi ne peux-tu pas l'accepter, et alors je te promets que je—"

"Tu feras quoi ? Tu sortirais tout ce qui est dans le livre et tu le sais, Kane, et nous finirions par devoir te tuer ou être tués nous-mêmes. Et si tu devais mourir." Jon tourna son regard vers Deanne, la vit frémir, puis détourner ses yeux des écrans, une amère défaite mêlée étroitement aux larmes qui y coulaient. "Et de toute façon," disait Stine, " Starn n'est plus le patron ! Et à quoi penses-tu que ça va me servir de bousculer un has been ? B- Haaq est celui qui dirige leurs pièces maintenant, Kane. Et B- Haaq est le garçon qui veut se battre ! Dommage que vous ne l'ayez pas tué quand vous en aviez l'occasion ! Regardez-le là-bas ! J'essaie de me dire qu'il peut le réparer, ou tout ce que je peux y faire ! Le dire moi, si je rapproche ce vaisseau d'un kilomètre et demi , il me fera exploser hors de l'espace ! Oh, frère—"

"Il pourrait, Stine," dit Jon. Et le grand homme se retourna.

"Avec ces pistolets anti-pop désuets qu'il porte ? N'essayez pas de me mettre en colère, Kane. Il va transpirer là-bas jusqu'à ce que lui et toute sa foutue équipe tombent. Et puis je vous envoie ! À ce moment-là, les choses' "Je serai si mauvais que je *saurai que* je peux te faire confiance. Tu es le genre, Kane ! Battez-vous comme un diable jusqu'à la dernière seconde, et puis vient la partie noble et héroïque du sacrifice. Oh, vous ferez le travail, tout le monde." nuit après être resté assis ici à regarder assez longtemps !"

Jon se mordit la lèvre et regarda le grand homme aller et venir devant les larges rangées d'écrans.

"Je pourrais le battre en moins de temps qu'il n'en faut pour le dire avec des E-blasters !" » disait Stine. " Mais ils disent qu'il y a une meilleure façon de gagner des disputes qu'avec des armes à feu, n'est-ce pas, Maître Kane ? Les esclaves ont toujours plus de valeur que les cadavres, d'une part, et d'autre part, je pense que les gens devraient savoir que Martin Stine a plus de valeur que les cadavres. " à son cordon que des armes seules ! Oui... » Son large dos était désormais tourné vers Jon et Deanne, et il regardait par un large hublot dans l'obscurité constellée de pierres précieuses, et ses mots étaient pour ses propres oreilles. "Ils sauront qui est technicien et qui ne l'est pas ! L'ITA s'affaiblit avec l'âge — et les faibles deviennent des esclaves, et les forts deviennent des maîtres ! Ils verront."

"Stine, tu es un imbécile !"

Le grand homme se tourna, fit face à Jon, et son grand visage pâlit sous une colère soudaine, puis les couleurs revinrent et il rit.

"Stine, sais-tu ce que fera B- Haaq lorsqu'il se rendra compte qu'il a échoué ? Lorsqu'il se rendra compte que la femme qui l'a méprisé et l'homme qui a déserté ses rangs sont à bord de ce navire ? Savez-vous ce qu'il fera plutôt que de te donner la réplique ? C'est le même genre d'homme que toi, Stine. Il viendra en tirant avec tout ce qu'il a ! Tu seras un seive avant de savoir ce qui t'a frappé... et pour une fois, je serai heureux pour voir B- Haaq faire un tour !"

Il entendit Deanne haleter, il pouvait presque sentir le tremblement de son corps.

"Cela suffit, Kane, ou il y aura quelques dizaines de bandages supplémentaires sur ton honnête visage ! Si ce chiot tourne le nez vers moi, je lui montrerai ce que sont les vraies armes ! Et le laisserai transpirer." là-bas sans ses moteurs pendant un moment !"

"Vous pensez seulement que vous le ferez ! Vous n'avez pas la moindre idée de l'alliage dans lequel les bricoleurs construisent leurs navires, et vous le savez ! Et ça va être amusant de vous voir le découvrir."

"S'ils utilisent la boîte de conserve, ils s'en servent pour réparer tout le reste."

"Ils sont peut-être stupides, Stine, mais ils existent depuis un bon moment ."

"Très bien, alors vous savez de quel alliage leurs coques sont construites ! Donc mes batteries d'électro-canons vont—"

"Rebondissez comme le faisceau d'une lanterne flash , Stine. Mais je suppose que vous voudrez attendre et voir par vous-même. Et si je connais B- Haaq , vous en aurez l'occasion !"

Et soudain, Stine le dominait à nouveau. Jon grimaça à la gifle vicieuse qui atterrit carrément sur son visage déformé.

" Tu me diras l'alliage ! Tu m'entends ? " Une claque plus dure que la première. "Tu comprends, Kane ?"

Jon sentit le sang couler sur son menton.

"Je ne te dirai rien, Stine. Pas à propos de l'alliage, ni même de la manière de préparer tes armes pour le battre."

Le coup suivant fut celui du poing fermé de Stine. La tête de Jon recula violemment, et il s'accrocha par pure volonté de reprendre conscience. Il se tendit pour un autre coup. Ce n'est pas venu. Et soudain, la voix de Stine devint calme, presque soyeuse, à peine assez forte pour que Jon l'entende.

« Dommage, disait-il, que votre homme soit si provocant, Lenantech . J'imagine presque que même après le risque que vous avez pris pour sauver sa peau, il regarderait votre joli visage se faire réduire en bouillie plutôt que de le voir. " _ _

"Stine, tu n'oserais pas !"

« Voulez-vous m'essayer, Maître Kane ?

"Merde, Stine—"

Le grand homme serra son poing droit, le leva, et Jon regarda le visage de Deanne blanchir, vit la supplication silencieuse dans ses yeux dans le regard rapide qu'elle lui lança. Mais ses lèvres tendues ne bougèrent pas.

"Tu ferais mieux de parler, Kane—"

"Très bien ! Très bien, je vais préparer vos armes pour vous !"

"Et tu ferais mieux de te dépêcher ! A moins que mes écrans ne soient en panne, tes précieux dix milliards de Prokymen n'ont plus beaucoup de temps."

Jon regarda à nouveau les écrans et il savait que son horreur se reflétait sur son visage enflé. Quelque chose se tordit de manière nauséabonde en lui et il regarda l'écran dans lequel le Geejay se balançait. B- Haaq et ses hommes allaient enfin le quitter ! Le quitter, abandonner.

Mais il ne dit rien lorsque Stine appela Haine depuis le navire et garda le silence tandis que l'homme trapu et costaud le libérait tandis que Stine tenait une arme de poing sur la tête de Deanne.

"J'aurai besoin de son aide," dit-il alors. "Sur vos armes, ainsi que sur le Justifier. Elle a déjà travaillé sur des double-A."

"Elle reste, Kane !"

"Très bien, elle reste. Mais si cette tenue ne parvient pas non plus à réparer le Geejay , les gens ne seront pas trop impressionnés, n'est-ce pas. Je dis que j'ai besoin d'elle, Stine. Cette chose là-bas est trop détruite, même pour moi. , maintenant, seul. Mais c'est à vous de décider. Je vais gréer vos armes.

"Très bien, Kane ! Très bien. La femme vous accompagne. Mais elle reste ici jusqu'à ce que vous ayez fait un travail sur mes batteries !"

"Vous gagnez, je ne discute pas. Finissons-en."

Haine le conduisit hors de la salle du NIC, et il pouvait sentir les yeux accusateurs de Deanne dans son dos. Elle le détestait maintenant. Il le savait.

XI

Le disque mince apparaissait étrangement à la lumière du binaire torturé, et Jon guida la silhouette gonflée de Deanne par-dessus sa lèvre, puis grimpa lui-même jusqu'à sa surface métallique élégante. C'était une affaire délicate, sans poids, et sans une connaissance suffisante du maniement du bloc d'alimentation construit par des extraterrestres pour tenter les manœuvres délicates requises avec celui-ci.

Ensemble, sans un mot, ils enroulèrent la capsule cylindrique qui contenait leurs outils.

À peine dix mille milles de là, B- Haaq attendait dans le vaisseau amiral. Jon savait qu'il attendait qu'une partie des vaisseaux Tinker arrive et se forme autour de lui en formation de combat. Et quand ils sont venus. Oui, il savait ce que B- Haaq ferait.

Il regarda en arrière et pouvait à peine discerner la masse sombre du grand vaisseau de Stine alors qu'il effaçait la myriade d'étoiles derrière lui. Pouvoir contre pouvoir. Il faudrait qu'ils se dépêchent.

Il s'est dirigé vers Deanne et elle s'est éloignée. Il lui attrapa le poignet, l'attira vers lui, toucha son casque avec le sien et parla rapidement.

"Éteignez votre radio et nous parlerons de cette façon ! Maintenant, faites ce que je dis, et avant de me rabaisser à guichets fermés, travaillez comme vous n'avez jamais travaillé auparavant ! Nous aurons peut-être trente minutes, une heure peut-être, avant que tout ce système ne s'effondre ! Et moins que ça avant que les autres feux d'artifice ne commencent !

Ensuite, il s'est occupé des outils, du cœur du Justifier.

Les hommes de Stine avaient vraiment tout gâché. B- Les hommes de Haaq n'avaient pas amélioré les choses. L'opération en elle-même était simple, mais il y avait tellement de choses à défaire.

Sans un mot, Deanne travaillait avec lui dans un silence épouvantable. Il pensait pendant qu'il travaillait combien cela devait paraître ridicule à quiconque regardait - deux pygmées devant un mécanisme d'à peine cent mètres de diamètre, opposant leur esprit à une nature devenue folle - deux pygmées essayant de maîtriser tout un système solaire. ! Travaillant seuls, dans le froid et l'obscurité, avec seulement leurs lanternes pour guider leurs yeux et leurs mains.

Deanne a travaillé sans problème lorsqu'elle a reconnu les quelques procédures standard employées par Jon, tâtonnant un peu alors qu'il prenait des raccourcis qu'elle n'aurait jamais imaginés possibles. Pourtant, remarqua-t-il, elle parvenait presque à le suivre, semblait suivre ses pensées presque par instinct.

Et c'était à peu près tout ce qui le différenciait du technicien ITA standard. Instinct; l'imagination qui y est associée, et les connaissances qui ne peuvent être apprises que par un esprit toujours curieux. Jon Kane. Scientifique.

Finalement, il toucha à nouveau son casque.

"C'est tout, ma fille. Elle s'en va. Dans vingt heures, la tempête sera terminée ; dans moins d'une heure, les choses commenceront à s'apprivoiser sur les planètes. Et puis nous demanderons à ton oncle de nous ramener dans le système Solaire, et faire un vrai travail sur celui-là."

Il vit ses yeux s'écarquiller. "Mon oncle?"

"Ouais. Maintenant, reste tranquille une minute. Je—"

« Retournez-vous tous les deux ! Je veux revoir vos visages juste une fois !

Jon se retourna. Il vit Deanne crier à l'intérieur de son casque. Au bord du grand disque se tenait B- Haaq , une arme de poing dans chaque gantelet !

"Je savais qui ils enverraient, Maître Kane ! Pensiez-vous que je vous laisserais ce petit projet et que je donnerais tout le mérite en plus ? Restez immobile !"

"C'est le directeur Gentech Starn à qui revient le mérite de celui-ci, B- Haaq ! Et je suis presque sûr qu'après vous avoir vu en action, il saura, cette fois, comment l'utiliser ! Parce qu'il sait maintenant qu'on ne peut pas faire des affaires aujourd'hui avec les outils d'hier et être en affaires demain ! »

"Putain de jolie, mon amant ! Est-ce que c'est aussi comme ça que tu prends les femmes des autres hommes ?"

Bon sang, pensa Jon. Le temps presse maintenant. À courre de.

« Faites comme vous voulez ! Je pense que je vous ai bien taillé ! Et sur ce, Jon donna un coup de pied vicieux contre la masse lourde du cylindre d'outil, se lança directement sur B- Haaq !

Deux canons ont éclaté !

Les faisceaux jumeaux se sont dirigés directement vers la silhouette volante de Jon, puis ont rebondi sans danger dans l'espace !

Et puis tous deux dérivaient dans le vide, luttant silencieusement et désespérément pour une emprise mortelle.

L'univers tourna follement tandis que Jon repoussait les gantelets des autres alors qu'ils attrapaient les tuyaux de son réservoir, puis il frappait de toute la force qu'il pouvait sur la fragile plaque frontale. Et a été paré.

Puis, pendant un instant, leurs casques se touchèrent.

"Tu es un vrai con, Majtech ! Pourquoi penses-tu que je n'ai pris aucune de ces armes avec moi de l'arsenal du Flagship ? Bon sang, il n'y en avait pas une qui fonctionnait !"

B- Haaq a tenté désespérément d'attraper le chien latéral sur le casque de Jon ; je l'ai attrapé, j'ai commencé à me tordre !

Jon serra le bras adapté, le tint... le tint, se tordit le corps. Puis j'ai mis le paquet de combinaisons dans une vie flamboyante, faisant fondre un trou horrible et béant dans la combinaison du Majtech !

Pendant une fraction de seconde, il vit la grimace de haine et d'incrédulité terrifiée sur le visage maigre de B-Haaq , puis l'intérieur du casque fut une masse de chair et de sang explosant.

Il se retourna. Renvoyé imprudemment vers le Justifier, presque raté ; rétro-explosé, glissé.

Il attrapa Deanne par la taille de son costume, puis alluma sa radio spatiale.

"C'est Kane qui appelle Stine ! Kane, qui appelle Stine ! Tu m'entends, Stine ?"

Ses écouteurs crépitèrent. "Que se passe-t-il, ce Jupiter bleu, Kane ? Avez-vous—"

"Stine, tu es un vrai idiot ! Un vrai cerveau de chauve-souris Prokyman ! Tu aurais dû mieux savoir à qui faire confiance à ce moment-là ! La fille et moi avons fait un travail pour toi ici. Tu ne le répareras jamais maintenant, pas dans dix millions d'années ! Bien sûr, un système meurt ; il donne sa vie, mais pour que des gens comme toi ne puissent pas faire croire aux autres que tu es Dieu et asservir d'autres comme lui ! C'est fini, Stine !

"Kane, tu vas mourir là où tu es !" Les écouteurs tremblaient presque de leurs connexions.

Et Jon tira sur Deanne, la tira à côté de lui sur le métal lisse du disque presque plat !

"Protégez vos yeux !"

Toutes les armes des batteries de Stine ont tiré. Flambée et brisée vers l'intérieur dans une mer aveuglante et chatoyante de flammes bleu-blanc qui, pendant un instant, sembla rivaliser avec Procyon elle-même ! Pendant des secondes silencieuses, le grand vaisseau sembla se dévorer dans les énergies refoulées soudainement libérées dans un seul torrent de feu engendré par l'enfer depuis ses entrailles en éruption, puis ce n'était plus de la matière mais un grand spectre de gaz super chauds se dissipant rapidement dans l'obscurité. de l'Infini.

"Jon ! Jon, chéri—"

"C'est bon, princesse. C'est bon maintenant."

"Mais toi-"

"J'ai réparé ses armes pour lui. Il m'a obligé à le faire, tu te souviens ? Oh, je les ai bien réparées !"

Et puis ils ont ri tous les deux. J'ai ri jusqu'aux larmes, deux pygmées dans l'espace, deux pygmées contre un système solaire de planètes avec tout un univers pour les entendre.

Puis lentement, deux fines traînées de feu se dirigèrent vers une forme élancée et profilée qui planait à dix mille milles de là.

Quelque part au-dessus d'eux, une Céphéide leur fit un clin d'œil. Sciemment.